科技部"十三五"国家重点研发计划项目"传统村落保护适宜性技术和活态利用策略研究"（2020YFC1522300）资助

编委名单

顾　问　黄　滋
主　编　卢远征
副主编　张　喆
成　员　张　冲　张雅楠　叶菁菁　陈仲寅　菅雪峰
　　　　尚德馨　王永球　裘基鹏　宋子军　徐　婧
　　　　李国龙　孔祥宇　朱　正　曹　雪

酉田花开

浙江传统村落保护利用实践

浙江省古建筑设计研究院有限公司　著

ZHEJIANG UNIVERSITY PRESS
浙江大学出版社
·杭州·

图书在版编目（CIP）数据

酉田花开：浙江传统村落保护利用实践 / 浙江省古
建筑设计研究院有限公司著. -- 杭州：浙江大学出版社，
2023.9

ISBN 978-7-308-24211-0

Ⅰ.①酉… Ⅱ.①浙… Ⅲ.①村落—保护—研究—浙
江 Ⅳ.①K925.5

中国国家版本馆CIP数据核字（2023）第175999号

酉田花开：浙江传统村落保护利用实践

浙江省古建筑设计研究院有限公司　著

责任编辑	胡　畔
责任校对	赵　静
封面设计	周　灵
出版发行	浙江大学出版社
	（杭州天目山路 148 号　邮政编码：310007）
	（网址：http://www.zjupress.com）
排　　版	浙江大千时代文化传媒有限公司
印　　刷	杭州宏雅印刷有限公司
开　　本	787mm×1092mm　1/16
印　　张	11
字　　数	200 千
版 印 次	2023 年 9 月第 1 版　2023 年 9 月第 1 次印刷
书　　号	ISBN 978-7-308-24211-0
定　　价	128.00 元

序

　　中国是世界上三个主要的农业起源地之一，华夏民族以农业文明为根基，历经千年，发展至今，创造了光辉璀璨的中华文明。作为典型的农业国家，中国社会与文化的根深植于乡村，它不仅承载着与土地相依托、以农业生产生活方式为基础的村民聚居体，也孕育着与之相伴生的社会结构与文化形态，成为农业社会基层覆盖最广、影响最深远的社会经济组织形式。传统村落因其保存较好的历史文化和延续至今的社会形态，在现代化的今天成为城市的参照物，被誉为农耕文明的活化石与传统文化的基因库。

　　近代特别是改革开放以来，随着国家现代化的逐步推进，国民经济取得重大发展，中国农村也经历了一次次激烈的变化。在工业化与全球化的背景下，城市成为国家发展的中心，产业布局、社会分工与政策制度的施行，使得各类资源向城市聚集，新兴城市迅速崛起，城市规模迅速扩大；相比之下，乡村数量急剧减少、乡村生产生活普遍衰败。据统计，2022 年全国外出务工农民工超过 1.7 亿人，空巢村、老人村、留守儿童村成为中国（尤其是西部）广大农村不争的客观事实。乡村人口的外流与农业产业的衰退，进一步带来传统乡村社会的瓦解、乡土文化的消逝，深刻地改变着中国乡村传统的社会结构与社会风貌。

　　进入 21 世纪，我国愈加凸显的"三农"问题得到越来越多的关注。自 2004 年至今，历年中央一号文件持续关注"三农"问题。"多予少取"政策的出台、城乡统筹与城乡一体化发展的提出、新农村建设、美丽乡村建设、特色小镇建设的开展推进，体现了中国农业养育工业向工业反哺农业的政策转向。2017 年党的十九大报告提出"乡村振兴"这一国家战略，并指出它是关系全局性、长远性、前瞻性的国家总体布局，是国家发展的核心和关键问题。在国家通过财政补贴、农村治理、制度创新等对农业农村持续投入的同时，随着互联网与社会生活深度融合、资源跨地域流通更为便捷高效，社会人群对于城市与乡村的价值认知也向多元化发展。相较城市的高密度发展和城市生活的高强度压力，乡村在食品安全、环境生态、生活成本、与自然的亲近上的优势，促使一部分人群由一、二线城市向中小城市，由大、中城市向乡村转移。乡村不再仅是人们短暂光临的场所，更是人们希望可以长时间依存的地方；也有不少有识之士，带着对乡村复兴的期望与再造能力回到乡村，组织乡村生产，改变乡村现状。在不断更新的经济社会环境下，乡村的发展是否可以找寻更为清晰可见的路径？

　　传统村落的保护发展是城乡统筹发展中不可缺失的重要一环，在解决好"三农"问题之外，还肩负着传承历史文化遗产、弘扬优秀传统文化的责任。与一般纪念性的文物与遗产保护不同，传统村落作为历史性建筑物普遍存在和村民生产生活的场所，其活态遗产的特殊性为遗产保护领域所共知。随着历史文化名城名镇名村保护制度的建立和 2012 年以来传统村落调查立档、建设督查等保护机制的施行，截至 2023 年，共计六批 8155 个具有重要保护价值的村落列入中国传统村落名录，对传统村落的保护也由单纯的物质遗产保护，向传统建筑、村落风貌保护与非物质文化遗产活态传承并重、系统整体保护与村落发展相协调转变。

　　与此同时，在社会层面，商业资本、社会团体、知识分子、艺术家、设计师等也以不同的方式介入不同地区的村落保护与乡村建设，既有"古镇游""古村游"在祖国大地的盛行，也有以乡村营造、艺术植入、产业培育、村民组织等方式从经济、生态、教育、文化不同角度改善村落环境与村民生计。

然而，我们看到，国家施行的面向农村的资源输出和政策制度的支持，其主要导向是以城市为主体的价值输出和以城市为蓝图的乡村未来构想，与农村的实际需求和社会经济基础并不完全一致，农村在其中多处于被动接受的状态，农业、农民、农村在城乡格局中的地位与关系并未发生明显改变；以工商资本为主体发起的村落商业热潮，以满足城市消费群体、追逐商业利益为主要目标，而对农村资源、传统文化和乡村社会结构，形成更为直接和剧烈的冲击。在这样一种缺乏内生机制与生长土壤的条件下，有志于遗产保护、乡村复苏的机构与团体开展的传统村落保护与乡村建造活动，更多的是在物质空间上为村落的发展提供疏解与提升，对村落的实质发展仅能尽绵薄之力、生望洋兴叹之感。此外，在乡村基础设施、房屋建造等具体的建设技术上，受制于工业化规模生产的市场覆盖和城市资源的输出供给，以工业产品和城市建造技术为主流，缺乏适用于乡土环境和建造水平的因地制宜的技术做法，而对乡村风貌、生态环境造成建设性破坏。纵观这一场多方参与和关注的新时代农村建设运动，虽不乏取得成效的案例，同时也应看到，大多数乡村仍未走出发展的困境，而形成这一处境的核心因素，可归于村民集体的失语、主体意识的缺失与自主营生能力的缺乏。如何合理地借助外部力量、恢复传统村落的经济能力、形成持续发展的内在动力依旧是传统村落保护发展的核心命题。

浙江省历史悠久，人文荟萃，传统村落数量众多。数年来，全省累计调查登记传统村落2500余座，其中，中国传统村落701处。由于经济发展迅速，土地资源紧缺，全省传统村落保护利用面临的压力巨大。

为推进传统村落乡土建筑保护与乡村振兴，深入探索传统村落的保护发展模式，改善现行传统村落保护发展中保护内容不尽全面、保护主体力量薄弱、保护利用措施实施性不足等问题，2014年浙江省文物局选择了松阳县三都乡酉田村作为"浙江省历史文化村落保护利用示范项目"实施地，2022年又选择酉田村为科技部"十三五"国家重点研发计划项目"传统村落保护适宜性技术和活态利用策略研究"应用示范村落，并委托浙江省古建筑设计研究院作为技术服务团队。本项目立足于对传统村落价值的认知与评价，希望通过经济、社会、文化等多种途径，使传统村落乡土建筑和环境风貌得到整体保护，村落产业得到合理适度发展，村民生产生活条件得到有效改善，延续村落的生活形态，修复村落的社会民心，激发村落的发展活力，推动村落经济、社会、文化的整体复兴与可持续发展。同时，联合地方政府，整合财政资金，发挥村委与村民的组织实施力量，探索政府主导、技术支持、村民主体、部门联动的多方通力协作的传统村落保护发展工作机制，为传统村落保护与乡村经济社会的良性发展提供新的路径参考。（图0-1、图0-2）

图 0-1 松阳县四都乡西坑村（上图）

图 0-2 松阳县叶村乡膳垄村（下图）

目　录

1 在松阳与酉田相遇

　　浙江省作为习近平生态文明思想的重要萌发地，"绿水青山就是金山银山"理念的发源地，是全国美丽乡村建设和生态文明发展的先行者和开拓者。浙江省自2003年起，即以农村环境整治和农民住房改造为基础，推进乡村基础设施和公共服务建设，着力建设宜居、宜业、宜游的美丽乡村。为更好地保护、传承和利用传统村落资源，浙江省在政策完善、财政支出、规划编制、技术管理、项目实施等方面开展了大量工作，产生了兰溪市诸葛村、建德市新叶村等保护利用良性互动的成功案例，推动了全省范围内传统村落保护利用工作的有序开展。

　　浙江省文物局立足于探索低级别文物建筑的保护利用、推进文旅深度融合、助力乡村振兴的总体目标，选定了松阳三都乡酉田村开展"浙江省历史文化村落保护利用示范项目"。之所以选在松阳，又从百余座松阳传统村落中选中酉田，一是在于松阳县对传统村落保护与发展高度重视，将其作为县域实现发展的重要动力；二是在于酉田村对于松阳来说过于"普通"，相较于松阳众多传统村落，在环境风貌、建筑特色、文化产业等各个方面都无特别之处。选中酉田，是希望通过一个普通传统村落的保护与利用实践，打破大量资本介入、政府强力干预、景区化或旅游度假区式的保护发展模式，形成保留延续村落生产生活状态、村民自主、可持续内生循环的传统村落保护发展模式，为量大、分布范围广、外部支持力量欠缺的"普通"传统村落提供可资借鉴的经验。

1.1 传统村落之于松阳

松阳县地处浙江省西南部，位于瓯江上游，东汉建安四年（199）建县。继东汉中原叶氏定居松阳遂成江南叶氏始祖以来，两晋、两宋、明清之间中原世家和闽瓯族群迁居落户松阳，奠定了松阳人口集聚和聚落发展的基础。早期先民于群山溪谷间择地而居，开垦复耕，繁衍生息，发展形成了深厚的农耕文明和多样的聚落形态。

远居深山之中的地理区位环境，使松阳在新时期的发展中做出了不同于浙江省发达地区的选择。从松阳县以往长期发展第一产业和第二产业的实际情况来看，受限于山地环境与偏远山区的交通条件，再加上生态保护区的发展要求，其经济总量和城乡居民人均可支配收入长期处于浙江省的末位，农村特别是偏远山区群众生活和公共配套、基础设施远落后于一般水平，财政收支平衡压力大，土地、资金、人才等影响经济发展的要素制约更加突出，短期内要想通过继续发展第一产业和第二产业实现经济跨越、城乡统筹，任务十分艰巨，并不符合松阳县的实际情况。然而，经济发展的相对滞后，也使得松阳保留了百余座传统村落以及蕴含其中的乡土文化，山水间山地式、平谷式、傍水式民居交相辉映，村落里宗祠谱牒齐备、民间庙宇犹存，"舞龙灯""三月三""迎神赛会"等民俗盛行、乡风浓郁，形成了自然奇异与文化多元的大美景致，被《中国国家地理》杂志誉为"最后的江南秘境"。目前，被列入中国传统村落的就多达 78 座，数量位居华东地区第一、全国第五，又被称为"古典中国"县域标本。

这些遍布县域范围的传统村落资源，成为"绿水青山就是金山银山"理念指引下松阳实现区域经济社会发展的重要突破口，松阳县立足于生态田园

图1-1 松阳传统村落

和乡土文化的基本县情，为松阳探索出一条符合松阳实际、具有松阳特色的发展之路提供了孕育的土壤。（图1-1）

1.2 西田之于松阳传统村落

低山丘陵中的山地村落是松阳县众多的传统村落的主要类型，西田村所在的三都乡便是如此。三都乡位于松古盆地东部丘陵地区，传统村落分布集中，是松阳县传统村落数量最多的一个乡镇，仅中国传统村落就有10余座。这些村落远离核心城市辐射范围，保存情况较好，在村落资源特征和保护发展问题上存在着很多共性。西田村就是这些传统村落中的"普通"一员。

1.2.1 西田山水

松古盆地周围群山环绕，山涧溪水蜿蜒流出，汇入松阴溪，常以"某某源"命名，如"竹溪源""靖居源""四都源""五都源""六都源"等，"三都源"亦属其一，西田村所在的三都乡即属于三都源流经区域。受长期冲蚀作用，三都源流域山体破碎，丘壑低矮，溪流漫散难聚。

西田村坐落在三都乡中部一处山峦环抱之地，依山而建，海拔约465米。村落内没有天然溪流经过，最近的一条小溪位于距离村落半里之外的山脚处。踞山腰临幽谷，西田村因此水贵如油，原名"油田"即由此得来。村落东、西、北三面山体护佑，整体宛若一把交椅，面向对侧案山，风水特征明显，松阳俗语称"好做吃"，寓意田地丰收，人民富足。村落两侧及村前、村后，均

图1-2 酉田村远眺

依山就势，筑成梯田，数百年来在酉田人的耕耘下，蛮荒山野间开拓出一片四时变幻的农业生态景观。村落东缘临空处四株马尾松扼守要位，如屏似障，颇具古意。据酉田村人回忆，这里原有六棵马尾松一字排开，前由一株古樟树领首，形成"狮子戏球"的态势，意在守住村落缺口，呈现风水不外流的格局。

独特的地理气候环境，造就了酉田村云山雾海的奇妙景观。云雾起时，忽聚忽散，变幻莫测，与山林田园、古木苍松变幻出亦真亦幻的山间奇景，恍如仙境。（图1-2）

1.2.2 酉田聚落

酉田村村落主体大致呈南北狭长的阶梯状，坐落在北侧屋后山伸出的余坡之上，主要建筑依靠北侧、东侧山丘，大致有坐北朝南和坐东朝西两种朝向。东西两侧各有南北向古道一条，建筑门前巷道多与古道交会，东侧古道向南通往山脚下的后湾村。

村落内现有不同规模的建筑40余座，聚落的繁衍大致经历了由山腰逐渐向高处和两侧发展的过程。村落最初起于祠堂西侧的一片区域，即现在村民们常说的"下面""下边"。村内保留至今的建造较早的清代至民国时期的大型宅院多集中于此，现基本被列入松阳县文物保护单位，围绕大宅院四周的隙地偶有少数新中国成立后建造而起的小型住宅；新中国成立后新增的建筑物，多循山坡向高处发展，与早先发展形成的聚落间形成一道陡坎，村民常称其"上面""上边"，这一时期的住宅还延续着传统的土木混合结构，但基本为小家庭居住的独立堂屋，院落式的大宅院已不多见；20世纪90年代后建造的几座砖混结构的现代住宅沿着入村公路在村落边缘零星发展起来。

村内建筑以黄土泥墙、青瓦覆盖的土木结构的传统建筑为主。其中清代及民国建筑10余座，90年代之前建造的房屋仍采用传统建造方式，黄墙青瓦，近年建造的砖混建筑，或红砖裸露，或水泥抹面，在黄墙青瓦的衬托下十分醒目。建筑类型多样，有民居、祠堂、社庙、学堂、牛棚、米碓房等，均具有松阳县传统建筑的典型形态。墙体采用块石勒脚、黄土夯筑，早期建筑山墙用跌落式或人字式马头墙，门楼、山墙局部偶用砖石。（图1-3、图1-4、图1-5）

1.2.3　酉田风俗

酉田村为叶氏家族聚居村落，据称系南宋左丞相叶梦得的后裔，自嘉靖甲子年（1564）崇公迁居于此繁衍至今，已有450余年历史。《酉田叶氏宗谱》有载，"酉田叶氏远追卯山，近别桐川。盖自晋折卫将军俭公始居松阳卯峰，传二十九世孙经公迁居桐溪，又传九世孙服昇公生三子，长文正次文清三文行，文清公六世孙曰崇公者讳三字达德，始迁三都酉田，为油田第一世，自从瓜瓞绵绵以迄于今"。又载，"始祖崇公讳三，字达德，嘉靖甲子年自桐川迁居油田，公好游猎，见此地田园平旷，竹木森立，文峰叠匕，青山荣抱，绿水回环，厝祖茔而居焉，子孙繁衍，尊为第一世"。

目前，村中保存有叶氏宗祠，位于村落南端相对独立的位置，坐北朝南，面向南侧开阔场地和层层叠叠的梯田。祠堂建于清乾隆年间，前进门厅建筑高敞，三开间凹肚式，心间外侧用八字墙，上悬匾额"叶氏宗祠"，视线跨越院墙直望远方。门厅前，立有旗杆石一对，标榜旧日叶氏子弟读书入仕的

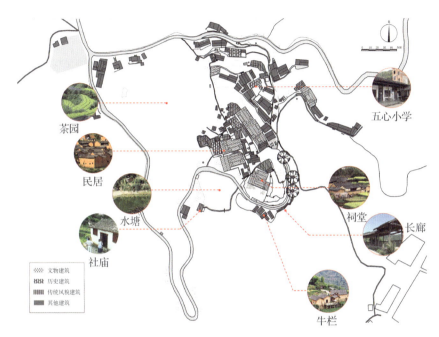

图1-3 酉田村总平面图

图1-4 酉田村建筑风貌

图 1-5　酉田村建筑细部特征

图 1-6　酉田村叶氏宗祠

事迹。门厅内部原设有戏台，久已荒废。正殿曰"孝思堂"，面阔三间均设
神龛，供奉祖先灵位，心间龛前摆石供桌，上挂匾额书"祖德流芳"四字，
东次间匾额记"鉴古论今"。建筑构架用柱粗壮，浑厚有力，檐下牛腿，木
雕精美，与一般民居不同。（图 1-6）

　　旧时的宗族祭祀传统和民间信仰在此仍部分延续。叶氏宗祠供奉祖先牌
位，设祭品供桌，建筑上梁仪式村民也会至祠堂祭拜祈佑。位于村落水塘南
侧的张叶上社，每年除夕（或年初一）、正月十五，家家户户均供奉猪头、
鸡（鸭）、糕点等祭品，祈求来年风调雨顺、五谷丰登。村中两处香火堂，
每年除夕（或年初一）、正月十五香火不断。

　　村中亦有诸多传统民俗延续至今。家家自备具有千余年历史的松阳民间
茶饮端午茶。元宵节还保留有舞龙灯的习俗。营造房屋时的上梁仪式也极为

讲究，选吉时，祭树神，结红绸，鸣炮挂彩，置办糖糕、馒头、肉、面、果糖，宴请木工师傅，过程隆重又热闹。各种民间传统小吃，清明包清明果驱邪避毒，端午吃薄饼，立冬打麻糍，过年蒸年糕祈愿新年，婚庆、乔迁、新年制黄米粿招待宾客，还有灯盏盘等等，经久弥香。酉田村现有非物质文化遗产7项，包括省级非物质文化遗产松阳端午茶、县级非物质文化遗产松阳建房上梁仪式、尝新米、灯盏盘、黄米粿、麻糍、松阳薄饼。（图1-7）

　　松阳端午茶：以蜡梅、野菊、陈皮、桑叶等配制而成的养生饮品，是松阳百姓夏日必备饮品，既可以作日常饮料，又可防病治病，是传统的保健饮料。先民通过长期积累、采集配制形成的端午茶，人们在饮用时习惯性地搭配一些既有药用功能又甘醇清香的草药，使其更加清香可口。

　　上梁仪式：松阳人重视建造房屋，为祈求房舍根基牢固、屋主平安昌盛子嗣延绵，建房者都很注重各种营造礼俗，上梁则是其中最为隆重的一环。建房选地基开工动土和选栋梁时，请阴阳先生挑选黄道吉日，砍伐栋梁原木前摆祭品祭拜，上梁前给木梁结红绸、鸣炮挂彩，祭梁，上梁，抛撒糖糕、馒头、肉、面等，之后宴请木工师傅、帮工、亲朋好友，整个仪式才告结束。

　　灯盏盘：因其加工的工具形似灯盏而得名。制作时，先将米粉调成糊状，用勺舀少许倒入既定的圆形铁模勺中，随即放上白萝卜丝、胡萝卜丝、南瓜丝、咸菜丝以及辣椒丝等八宝菜原料，再加入米糊，入油锅炸至橙黄色时捞出，即成灯盏盘，是山区常用来招待客人的小吃。

　　黄米粿：黄米粿是松阳特别是松阳山区十分流行的一种民间传统小

吃。以植物碱、粳米混合蒸制、杵打而成，历史悠久，风味独特，主要用于婚庆、乔迁和春节。

麻糍：一种以糯米为主要原料制成的颇具风味的民间小吃，分布范围遍及整个松阳县境，有悠久的历史，最早的作用是"做福"。打麻糍的时节多在立冬，有些山区在重阳节和农历"十月初二"也打麻糍过节。麻糍有补虚、补血、健脾暖胃、补益中气的作用，是农耕社会有冬令进补习俗的体现。

图 1-7　西田村民间传统小吃麻糍的制作过程

1.2.4　酉田生计

　　长期以来，种植水稻一直是酉田村赖以为生的主要手段。及至20世纪末，酉田村民仍旧延续着祖辈代代相传的水稻种植农业。

　　水是农业生产的命脉，对于用水量大的稻作农业来说尤为如此。缺乏灌溉水源，对酉田来说，一直是一个比较棘手的问题。20世纪40年代，随着村落人口的增长，为解决日益突出的灌溉用水问题，村内组织在村落西南低位开挖水塘，自位于酉田西北的下田村引水，依山就势挖掘水渠，进入酉田后，部分分流灌溉沿途梯田，余下途经民居、巷道汇入村前的水塘。水塘设水闸，开闸泄水，沿田边沟渠灌溉水塘下方的农田。不仅酉田村内两个生产小组的农田借水塘蓄水灌溉，酉田山脚后湾村的部分梯田也受惠于此。对于耕作农业而言，除去用水之外，耕牛、耕作收割的农具，都是传统农耕不可或缺的组成要素。（图1-8）

　　近十几年，酉田村的稻作农业在茶叶、果木等经济作物种植产业的推广下，逐渐发生改变。村内现有耕地223亩、山林1092亩，主要种植茶叶、高山水果、蔬菜。酉田村农业的发展、种植作物的转变亦是松阳整个县域近一二十年来农业发展轨迹的缩影。水稻自古以来是南方民众的主要粮食作物，然而在现今的商品经济时代，粮食生产收入微薄。在新的经济形势下，茶叶、水果等高收益农作物逐渐取而代之，现今以经济作物为主的现代农业发展势头火热，粮食作物逐渐转为依赖外部购买。（图1-9）

图 1-8　灌溉水渠

图1-9 酉田村茶产业

1.2.5 酉田人文

历史上酉田村所出名人多已渺不可知，流传至今成为佳话的有曾居于村东山坡下现23号民居的名医叶起鸿。叶起鸿（1810—1868），字蔡泉，号如松、季亭，世称"酉田先生"。15岁受业于名医詹中门下，年方20岁即开业行医，悬壶未久，医名大播，丽水、云和、宣平（今分属丽水、武义）等县求医者络绎不绝。其后六世行医，享负盛名。第七代叶学进今在松阳县古市医院担任主任医师，家业尤传。此外，新中国成立后，酉田村人叶良毕担任过团长。村里还产生过校长、教师等多人，村中民国初期所建五星小学广收附近村落子弟，开村里近代教育之先河，至今留有"五心教育"的墨书。（图1-10）

目前，酉田村春季春茶期常住人口158人，冬季常住人口61人，户籍人口305人，外出者约半数在外经商，极少回村，另有约半数在杭州打工，偶尔回村。常住人口中，约有20%在松阳县城务工，经常往返于两地；久居村中者多为老人。2023年，村民人均年收入6000元左右。

图1-10　酉田名医相关匾额

1.3 酉田的幸与忧

酉田村自然环境优美，村落选址因地制宜，聚落形态与自然和谐统一，格局风貌基本延续着历史形态，农耕生产生活方式在传统基础上有所发展，民俗礼仪仍有传承，是一个历经百年、开垦拓耕、繁衍生息的传统村落存续至今尚未发生根本性转变的案例。尽管如此，当现代文明的触角深入偏远的乡村腹地，酉田村也不可避免地受到了冲击。黄土泥墙的旧房屋难以为继，红砖水泥的新建筑赫然立起，电力杆线切割着黄墙青瓦的上空，现代材料、现代工艺、现代设施悄然改变着村落中的生活。牛棚、水渠荒废坍塌，芜草丛生，犁耙、磨盘闲弃搁置、无人问津，传统稻作的农耕生产逐渐退去。叶氏宗祠门前冷落，名医世家客居他处，笼络聚合村落人心的观念习俗日渐涣散。当村落中的生活难以为继，年富力强的一代出走他地，留下老人和老村勉强维系着如似往昔的生活，呈现出当下传统村落遇到的普遍性问题。

可以说，在松阳众多传统村落中，酉田村自身资源优势并不突出，在村落形态、自然环境、人口构成等方面，是三都乡传统村落中具有普遍性特征的一个案例。酉田村未来会去向何处？它能否在当代社会中延续发展？将如何在传统现代的转变中欣欣向荣而古韵犹存？

"浙江省历史文化村落保护利用示范项目"选择落户在这样一个村落，除了考虑到示范成果更具普遍性和推广性之外，也是因看到了酉田村在村落交通区位、发展形态上具有适宜开展传统村落保护发展实践的有利条件：

酉田村交通区位条件相对较好，西距松阳县城 9 千米，自县城经 701 乡道车程约半小时可达，且处于三都乡众多传统村落的中心位置，周边分布有后湾村、呈回村、周头山村、黄岭根村等多个传统村落，辐射作用明显，为村落未来发展和发挥示范作用提供了较好的区位基础。

酉田村自然环境优美，格局风貌基本完整，乡土民俗仍有延续。到2014年初村落内尚未有商业开发进驻，但以农业为生的传统生计方式尚未发生根本性转变，为探讨传统村落多样化的发展路径提供了可能。

酉田村委在村落组织和建设中能够发挥较好的号召力和执行力，在传统村落保护发展实践中，村民力量的倡导将会起到较好的推动作用。

对于酉田村而言，能够作为"浙江省历史文化村落保护利用示范项目"实施地，是一次难能可贵的机遇。在松阳县委县政府的支持下，集聚松阳县各职能部门的力量，再加上技术团队的助力，将为酉田村谋划出一条延续农耕生产生活状态、村民自主、可持续内生循环的保护发展路径。（图1-11）

图1-11　省文化厅、省文物局、松阳县政府领导和技术团队现场调研

2 酉田方案

2.1　理念思考

在传统村落保护发展广受关注的今天,如何看待酉田村在当代社会中的价值与功能?要采取何种策略,才能避免历史文化村落在现代化的发展进程中走向衰败?通过哪些途径,使酉田村中的乡土建筑与环境风貌得以保存并延续发展,使村民能够在传统村落中安享生活并获得生计?这些是我们面对酉田村当前的处境所思考的问题。

对于大多数传统村落来说,"宜居"是传统村落能够延续发展的基本条件。通过改善提高基本人居生活水平,使村民在此安居,并真正成为吸引离家儿女回归故乡的家园,在此基础上,谋求进一步的发展,传统村落才有可能长久延续。因此,以原住民的利益为本、维护村民的生存发展权益,是平衡多方利益需求时应持的准绳。同时,面对传统村落向日益开放的社区转变的局面,原住民以开放的姿态面对外来群体、促进新旧群体之间的融合,也将是有利于传统村落未来发展的演变趋势。

另外,人心的修复与村落秩序的重建是传统村落全面保护和整体复兴的内核。传统村落作为"活态"的物质与非物质的双重遗产,在改善和提升传统村落物质空间的同时,注重传统工艺、传统业态的发掘和保护,注重重新发挥民风民俗、家规民约等传统文化在社会关系联结与维护中的作用。物质空间的改善,是村落生产生活的基础,更为重要的是在修复和维护物质空间过程中,重新认识与传承其中流传的技艺与观念,逐步梳理和修复传统村落的历史底蕴和乡土人情,激发村落居民对故土家园的记忆和情感,并使之渗透到日常的村落生活与活动中;与此同时,适应传统村落在当代的发展诉求,营造新的村落公共空间和集体生活,从而建立起联结村落过去和未来、联结社区人群的凝聚力量。

最后，产业的发展是传统村落复兴至关重要的动能。我们认为，传统村落产业的定位，需要立足宏观区域的发展前景，从村落自身的历史人文、自然环境、社会资源等不同的资源禀赋出发，寻求符合村落自身条件和区域发展需求的差异化发展方向，以此来形成突显村落自身独特价值优势的产业。当然，有鉴于传统村落自身造血能力的欠缺，需要在坚持合理适度的原则下借助外部力量来培育新的产业增长点。一方面，发掘和继承村落的传统产业特征，在市场化的推动下，借助政府、社会等支持力量，改变传统产业低效、低收益的局面；另一方面，针对不断拓展的社会需求，发挥传统村落在文化、环境等方面的资源优势，将传统农业、手工业与服务业相结合，通过多种业态，令传统村落参与更广泛的现代社会生活。村落产业发展的关键在于立足于城乡差异，合理引导城乡资源要素双向流动，将传统村落优势资源与现代生活结合起来，形成新的发展途径。

鉴于上述认识，对于酉田村的保护发展，立足于"坚持因村制宜、真实整体保护、保障宜居为本、合理适度发展"的基本原则，总体的思路如下。

坚持因村制宜：根据酉田村的实际情况，合理利用特有优势资源，通过对村落资源的梳理与评估，确立适宜与凸显其资源特征的发展定位，延续村落特有风貌、文化和环境，展现酉田村独特的价值优势。

真实整体保护：保护酉田村历史文化遗存的真实性与完整性。维护村落整体的传统格局和历史风貌，既强调单体建筑遗产的保护，也强调对构成村落整体风貌特色的历史环境要素、农业景观、自然环境的保护，并关注村落延续至今的以农业耕作为基础的生产生活方式、族群关系及作用机制，使传统村落重新焕发生命力。

保障宜居为本：以村民意愿为先，满足村民基本生活要求，排除村落居住安全隐患，改善村落生态环境基础，加强村落用水、用电、通信等基本资源设施供给，保障村落日常生产生活的需要，提升村民居住生活水平。

合理适度发展：协调历史遗产传承、生态环境保护、村民生活改善与村落发展之间的关系，合理选择与村落资源相匹配的产业内容和发展方向，引导外来资本与工商企业团体的进驻，避免出现危及村落正常生产生活的过度开发利用现象。

也就是说，我们希望此次示范项目除了做好传统村落保护、延续传统风貌和乡土特色的文章，更应该关注村民这一传统村落文化保护传承主体的诉求，在改善居民人居环境、居住条件的同时，实现居民生活与遗产保护的和谐共生，寻求村民自愿保护利用传统文化的新出路，实现"望得见山、看得见水、记得住乡愁"的村落愿景。

2.2 路线探讨

遵循酉田村传统村落保护发展的基本理念，首先必须从酉田村的现状出发。这一现状离不开外来者视角下，对村落历史资源、社会文化、生态环境、基础设施、产业结构等现状情况和实际问题的认知，然而此次项目更看重的是"村民意愿"，这也是项目发起的缘由和初衷。

因此，我们投入大量时间和人力，深入村民，逐幢逐户地开展走访调查，有针对性地选取了青年、中年、老年各个年龄段的村民，倾听村民意愿，了解他们对于村落的情感状态、生产生活的实际需求和困难以及他们眼中村落

图2-1　酉田实践工作组走访调查

未来的发展方向。（图2-1）

　　为配合酉田村民作息时间，工作团队吃住在酉田五心小学，访谈跟随村民到耕地、厨房、堂屋或工坊等地进行，通过座谈的形式与村民产生联系，提出如"你觉得酉田村有什么值得游客来看的？"这样的问题，让村民通过对问题的思考产生对酉田自身资源（环境、风貌）的关切，另一方面利用面对面的交流方式建立村民对工作团队的信任感，为后期村民参与村落保护利用实施创立良好的开端，有利于原住民以开放的姿态面对外来群体，推进项目实施。

　　通过走访调查发现，村民的住房普遍存在屋面漏雨、地面潮湿、居住空间拥挤的问题，大部分人家提出加建现代化卫生间的需求，而对于工作团队原本设定的空调、隔音等居住问题并不在意。对于是否愿意住在老房子里，年轻人（18—30 岁）表示宁愿把钱拿到县城去买房，也不愿意住在生活设施不便利的老房子里；中年人（30—50 岁）因为在县城打工，大部分时间租住在县城里，所以老房子基本空着，过年会来住一段时间；老年人（50—80 岁）愿意住在老房子里，也有改善住房的意愿，但是缺乏改善资金。房屋居住问题之外，村落整体的生活用水问题得不到保障，是村民提出的亟待解决的问题。

不同年龄层次的村民对于村落发展有着不同的理解和需求，这与工作团队最初的设想确实也存在一定的偏差，然而年轻人更加看重的医疗、教育资源和工作机会等"宜居"问题，也确实很难在一段时间内单独从一个小小的村落保护利用项目中得到根本性的解决。因此，如何用低成本的引导措施来提升建筑的安全及居住的舒适性（室内环境、隔音、保暖、防潮）以满足村民需求，把新的生活设施植入传统民居，使村民既享受到现代生活的便利，又能延续固有的文化传统和生活方式；如何转变年轻人的居住观念；如何根据村民的不同需求来解决问题等；这些不仅是此次项目需解决的重点，更是项目需要为村落的长远发展做好未来 10 年甚至是 20 年的谋划布局的重点。

　　在充分分析了村落原住民各类需求的同时，我们站在外来人群的角度，结合酉田村存在问题和资源优势，确立适合酉田村发展的方向和定位，明确村落保护的内容，思考在现实制约条件下如缺失水资源、资金以及行动力的情况下，执行和实践村落活化保护的方式，引导传统建筑、村落民居的保护利用方式，制定改善酉田村人居环境、引导产业发展的实施方案。

在初步实施方案形成后，又组织进行桌面讨论和现场实地走访讨论，广泛听取村民、专家、各部门和政府相关人员的建议反馈，并希望以这种形式获得村民和各方人员对村落发展方向的认可和相关问题的解决意见、有关资源的协助等。（图2-2、图2-3）

图 2-2　建议反馈

基本信息收集
主要针对村落的文化历史、人口构成、社会经济和建设状况等方面
解读酉田

现场调查
（两个阶段：当地文化地理特征信息与具体的测绘勘察工作）
解读酉田

村民访谈
（民意收集，原住民的需求）
根据村民不同的需求与问题，提出相对应的解决方案

现状评估及策略讨论
（提取"问题"与"优势"）
探索解决问题的方法与适合发展的方向和定位

初步方案
（提出适合的发展方向）
确立发展的方向和定位，制定具体实施措施

交流讨论
（桌面讨论与现场实地走访）
接受指导建议，进行相关补充

图 2-3　实践路线

2.3　方案确立

　　酉田村作为传统社会典型的以农业耕种为生的村落，从村落的选址、布局、名称的由来、与自然环境的关系，到建筑的取材、建造、发展成熟的稳定形态，

再到村民的饮食、祭祀、节庆时分的文化活动等，或因农而生，或由农业生产衍生而来，均与传统农业社会的运作机制息息相关。农业生产的各种场地、设施、器具，今天仍是村落生活重要的组成部分并组织着村落内的公共活动，维系着村民间的关系网络，并且，及至今日，农业依旧是酉田村得以生存延续的主要生计手段。酉田村不啻为当代社会中传统农耕文明的一个缩影。

结合松阳县"田园松阳"的区域发展定位，立足于酉田村现有的资源基础和价值特色，经过数轮讨论，最终确定酉田村保护发展的总体定位，见如下几个方面。

通过对酉田山地村落建立在农业生产之上的村落环境风貌的整体维护、传统民居的提升利用、农耕载体的保护与呈现，修复村落传统文化与社会联结，引导新旧产业共同发展，改善村民的生存状态，延续和发展酉田村以农为生的生活形态，构建宜居、宜业的传统村落，使之成为传承传统农耕文明的活态博物馆，以此探讨传统农耕文化在当代社会中的延续之道。

对于酉田村保护发展的总体设想，方案汲取生态博物馆的理念，秉持村民参与和整体保护的原则，立足于农耕文明传统，对酉田村的自然环境、人文环境、物质及非物质遗产进行整体保护、原地保护和村民自我保护，力图实现村落中人与人、人与物、人与环境的和谐发展。同时，酉田村的保护并不是冻结过去，而是在承认变迁的基础上兼顾过去、现在与未来的发展，全面呈现中国乡村的农耕生活的形态、面貌与演进方式，使其作为传统农耕文明的一个缩影，在发展中延续。

酉田村聚族而居、精耕细作的农业发展，不仅创造了族群生存繁衍的物质基础，也提供了传统文化与思想观念的源泉。田间的劳作，积累形成了先进丰富、臻于完备的农业技术体系，也塑造和维系了村落百姓的家族情感和性情。酉田村作为农耕文明的一个缩影，是一个内涵丰富的集合。遵循村落发展各个因素相互关联、相互作用的内在关系，将酉田村立足于农耕文明传承的保护发展内容主要解析为以下几个方面（图2-4）。

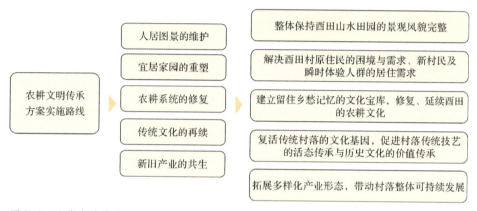

图2-4　方案实施路线

2.3.1　人居图景的维护

酉田村山园田居的人居图景，是数百年来酉田先民于这方天地间安身立命的结果，是人类社会与自然环境双向互动、协同演变的产物，它根植于农耕社会生产力发展水平下人与自然的互动关系与动力机制。其中暗含着带有原始思维色彩的天人观念，主导着人们对待自然的态度与方式，维持着人与自然间的平衡，使人居环境在物质性之外亦包含着意义上的丰富性和复杂性。

在人与自然的朝夕相处中，远山近水的形象早已成为一代代酉田人心中的印记。山、园、田、居，是酉田村民生活其间的场所。酉田村村落布局顺应自然山水，综合考虑耕地、水源、山林等要求，以质朴的山水情怀和环境意识，创造出人与自然和谐的人居环境体系。对酉田村与自然和谐统一的"山水—村落—梯田"环境空间的维护，是对总体人居环境保护的基础。

然而，技术、材料、生活方式的改变使得今日人与自然的互动关系相对历史时期已发生极大转变。村落对外经济的依存度变得越来越高，一些外出打工的村民见识了城市方便、快捷的现代生活，对传统村落的生活方式和居住环境已经越来越疏远甚至厌弃，部分村民有拆旧建新的需求，又因村民保护意识薄弱，新建的高层砖混建筑缺乏系统规划，存在随意性，外立面红砖裸露或水泥抹面，其建筑高度、形式、体量、色彩等方面均和村落整体风貌存在一定的冲突。另外，传统民居更换的瓦片及村落相关基础设施在风貌上与传统风貌不符，酉田村整体的传统风貌受到了严重的影响。

因此，保持酉田山水田园景观风貌的完整、延续先民营造的人与自然和谐共生的山园田居生活图景是本次保护路线的基础。在此基础上，对村落现有环境风貌的梳理改善不宜大动干戈，应针对已经显现出的生态环境问题和破坏因素进行改善处理，使整体环境更加舒适宜居，并结合村落历史上、当下的景观特征，凸显、塑造村落的景观特色。另外，在新的作用机制下，改造村落现有的环境运转机制、配备与现代生活接轨的基础设施，也是当前发展情况下从长远上维护村落人居环境的必然选择。当然，有别于大规模的城市基础设施建设，在村落中的实施应采用一些更谨小慎微的做法。

2.3.2 宜居家园的重塑

居住，是人类的基本需求之一。住宅，既是遮风挡雨的庇护所，也是起居仪礼的外现，又因血缘和情感的牵绊而具有"家"的意涵。我国传统住宅，因以土木结构为主的技术传统和不着意于原物长存的观念，并不以坚固长久著称，在居住过程中需要定期维护整修。酉田村以土、木为主要材料的传统建筑，使山林间的这片人类庇护所外观朴素自然。现代建造技术、生活设施和审美取向的更替，深刻地改变了人们的居住方式，极大地提高了居住的舒适性。如是，传统住宅是否就此失去了存在价值？

酉田因地处山区，可建设用地稀少，村落发展受到限制，现有传统民居沿等高线依山形地势集中布置，呈阶梯式布局。酉田村的住宅除了几处县级文物保护单位外，其他40多幢泥木结构的传统风貌民居朴实无华，却鲜活地展示了酉田平民百姓的生存状态，是酉田生活方式、家庭观念、邻里关系、文化活动的沉淀，是用泥土、石块和木头构建的酉田人生活史，是酉田历史的有机组成部分。由于经济条件的限制，这些建筑普遍存在年久失修的问题，建筑局部坍塌，屋面瓦件破损、渗漏严重、墙体酥碱等现象普遍。随着酉田村外迁人口日益增多，酉田村人口呈现老龄化趋势，居住人口的减少导致建筑的空置，无人维护加速了村落凋敝和建筑破损的速度。

生活在乡村的人们，一方面怀有对现代生活方式的企盼，另一方面老屋依旧是他们现时的居所。对于生活在乡村之外的人而言，传统住宅与自然天地的亲近姿态、丰富的细节、富有人情味的质感，都给人以不同于现代建筑的亲切感受，其中蕴含的文化观念和差异化特征，也与规模建设的城市住宅形成对照。如何于旧屋中适应现代需求，改善生活品质，是传统住宅延续使用的必要条件，也是宜居家园重塑的主要目的。对于具有不同遗产价值和保护级别的传统建筑，如何有区别地采取对应措施，使村民诉求的实现、居住感受的提高与历史信息的保护、村落风貌的维护达到合理的平衡，是我们在此次实践中想要解决的问题。只有当传统村落重新成为宜居的家园，才能唤起离家儿女和城市群体回归的脚步。同时，对传统住宅所代表的生活方式的倡导，在物质资源极大丰富的当代也具有一定推广意义。

2.3.3　农耕系统的修复

步入近代以来，工业化、城市化的发展令越来越多的人离开土地，也深刻撼动了人类社会与土地的关系。然而，当粮食危机、食品安全等问题愈演愈烈，人们重新发起对基本生存问题的考量。酉田村，拥有数百年稻米耕作的历史，在特殊的历史契机下，今天仍是一个典型的以农业为生的传统村落，村落周围梯田环绕，村内晒谷场、牛栏、灌溉水渠、水塘等农耕生产设施以及古松、古井等农耕传统交流空间延续，酉田村民日出而作、日落而息，保留着传统的人畜耕作模式，是当代农耕文化的生动展现，是酉田村民田园生活的鲜活反映。作为历史的见证，保护好这些农耕系统元素和生产生活状况，并且从整个农耕系统单元来阐释它们的历史意义和价值，是项目中非常重要的内容之一。

当然，在市场经济的转变下，外出打工人数的增多让酉田村常住人口逐年减少，生活方式的改变、生产技术的迭代，使得传统农耕稻作技术被现代农业种植技术所取代，山地稻作农业逐步被茶叶产业所代替，与传统农耕稻作相关的生产工具也逐渐毁坏或空置废弃。如何应对即将消逝的传统耕作经验与技术，如何看待新时期人与土地的关系，值得我们共同思考。

为此，我们希望通过对村落农耕系统的梳理和呈现，保留和记录下酉田稻作农业时期的历史。留下春耕、夏耘、秋收、冬藏的农耕器具，修整起晒谷、舂米、洗衣、打水的劳作场所，使之依旧成为村民休憩交往的场所；贯通起稻作农业时期的灌溉系统，让水流重新在水渠、水塘、田野间流动；照料好逐渐被人遗忘的社庙，唤起劳动人民敬天畏地的精神和勤恳坚忍的品德；对于失去实用功能的牛栏等生产用房，赋予其合适的使用功能，重新利用起来——如此，以或新或旧的方式，使象征酉田村数百年稻米耕作的农耕系统在村落中存续下来。

2.3.4　传统文化的再续

传统文化历经千年积淀绵延至今，承载着古人智慧的结晶，也传承着先民丰富的精神内涵。在久经现代文明浸染的城市之外，乡村依旧是传统文化赖以滋长的沃土。在传统社会的成熟发展阶段，以血缘为基础聚居发展形成的村落中，宗族是乡村治理与运作的主要力量。这一以祖先崇拜为基础，将温情脉脉的伦理关系礼制化、神圣化发展形成的共同体，构筑了传统村落最为基本的社会关系。它是个体和家庭生存与发展的重要依靠，也是协同应对危机的一致力量。在家国天下的文明格局中，宗族的稳定更具有非凡的意义。在漫长的繁衍生息的历程中，人们凭借着聪明智慧，探索与发现自然界的无限奥秘，积累形成丰富的经验，化为生活与生存的技能，其中也蕴含着朴素的科学精神。

酉田是叶姓家族聚居村落，系南宋左丞相、著名理学家叶梦得的后裔，族裔繁衍至今 450 余年，村内建有叶氏宗祠，编有酉田叶氏宗谱，宗谱载有家训族规，保留多处香火堂、祠堂社庙等祭祀场所。另外，村内学风浓厚，恪守耕读传统，民风淳朴、家风和睦。

在思想观念更加多元化的今天，与农耕系统所面临的现状相同的是，这种淳朴的传统文化、民风民俗、技艺精良的手工技艺由于社会变迁、时代更迭，有些正面临逐渐消失的危机。酉田村的传统文化、手工技艺来源于酉田村民的生产生活；民风民俗植根于民间，是村民乡土情感和自豪感的凭借，是酉田不可或缺的精神象征。凸显传统文化中优良的价值观念和深厚的人文情怀，发挥其育人启人的功能，对于个体发展和社会稳定仍具有深远的意义，使酉田村的传统文化不仅有物质形态上的延续，同时也有精神上的传承。

在酉田村，我们希望依托叶氏宗祠，通过祠堂修缮和村落公共活动的组织，重新唤起酉田村民对于祖先、宗族的记忆与情感，联络起各支房族人之间的情感纽带，传播勤俭、谨严的祖训家规，重新发挥良好的道德教化作用。对于村落内从清代发展至今的中医传统，借医药世家旧居，延请医师坐诊，救助病患，介绍当地的中草药资源，传播民间医药知识。同时，酉田村博物馆的建立是对民间信仰和宗族祭祀传统的延续和强化，是深入了解村落传统文化并实现在地认同的重要文化空间。

2.3.5 新旧产业的共生

产业的复兴与发展是传统村落能够积聚活力、长久存续的根本驱动力。传统村落长期封闭自足的自然经济，面对快速发展的市场经济环境，必然势单力薄，难以为继。同时，过度依赖外部力量，以牺牲村落资源和历史文化遗产为代价的经济复兴亦非传统村落发展应当遵循的路径。因而，以保障村民生产生活、保护历史文化遗产为前提，合理利用村落资源，寻求适宜适度的发展方向和发展策略，控制市场条件下对利益效率的盲目追求，是我们对传统村落产业发展的基本认识。

　　近年来，由于市场效益的驱动，酉田的生计方式由稻作耕种转变为以茶产业为主导、以菌蔬果禽为补充的生态农业体系。但由于市场经济的变化，茶叶市场供大于求，效益大不如前，急需培育新的产业，以挽救村落衰退、没落之势。在酉田村传统农业的基础上，凭借村落生态环境和历史文化优势，以开放的姿态面对多元的社会发展现状，积极寻求契合现代社会需求的与其他产业相结合的发展路径，拓展多样化的产业形态，实现新旧产业的共同发展，是酉田村传统村落产业发展追求的目标。（图 2-5）

图 2-5　村落总平面图

3

组织实施

酉田村的保护利用示范项目从方案制定以来，所秉持的理念就并非政府层面大包大揽，也并非大拆大建的一般性工程项目。项目一方面希望凸显村民和村集体的"业主"意识，另一方面也希望村民和村集体作为实施主体，更多地参与自身"家园"的保护与发展建设，以便在这一过程中能够重塑村落的凝聚力，修复村民对于村落的情感认同。因此，该项目的实施也不同于以往的工程项目，没有全面、正式的图纸，也没有系统的程序性流程，更多的是通过协调、协商、指导的方式来实现的。

因此，项目作为一项"社会工程"，项目组织实施的特点，一方面体现在政府、技术团队等外部力量的支持、支撑方式与作用，另一方面体现在实施过程中对于村民诉求和村落困难的多方协调和努力。

3.1　政府支持

项目的推动实施离不开政府各级部门的协作和资源整合，在松阳县委、县政府的主导下，联合松阳县文化广电新闻出版局、农村工作办公室等各职能部门，与三都乡政府、酉田村委一道，共同构建形成有效的协作机制，整合各类资源，为项目提供政策、资金和技术力量多方的保障，而乡政府、村集体则更多地将工作重点放在项目监督管理和群众动员方面。基本构建起有效的协同工作机制，形成政府主导、部门联动的工作模式，保障了"示范项目"的开展与实施。

3.1.1　协作团队与机制建立

　　松阳县委、县政府成立传统村落保护利用工作领导小组，负责统筹协调和资源整合相关工作，建立政策引导、资金整合、考核督导等工作，推进传统村落保护发展项目的科学实施机制。落实三都乡政府、酉田村委会的主体职责，全面落实村落的保护项目和建设管理责任。（图3-1）

图 3-1　协作团队与机制建立

3.1.1.1　成立保护咨询委员会

成立传统村落保护咨询委员会，由政府机构、规划、文物、建设、设计等部门负责人及有关专家组成，对酉田示范项目涉及的保护、管理等重大问题进行论证，提出意见，并协调、监督示范项目的实施。

3.1.1.2　明确各单位任务

职能部门：对村落建筑修缮、农居改造、基础设施改善、生态农业推广等相关项目提供咨询、指导服务和资金、政策支持，并执行相关审批、管理与监督工作。

技术团队：以浙江省古建筑设计研究院工作团队为主，还包括中央民族大学多元文化研究所，水利、污水、电信等技术设计团队，进行村落调查、村民访谈、政府访谈，调查和分析村落特征、发展需求，确立发展定位，制定实施方案，指导项目实施。

乡政府：负责具体建设项目的管理与推进，落实负责人员和管理责任。

村委会：负责组织宣传，发动村民参与，组织村民培训，开展项目实施。（图3-2）

3.1.1.3　建立巡查机制

乡镇层面明确一名乡镇班子成员，联系负责项目具体管理工作，选配责任心强的干部驻村，成立由三都乡干部、酉田党员干部、热心村民等参与的保护工作小组，落实酉田示范项目巡查队伍。建立常态化巡查机制，对项目安全、质量、进度进行监督，负责巡查的人员定期定时在公众平台更新项目

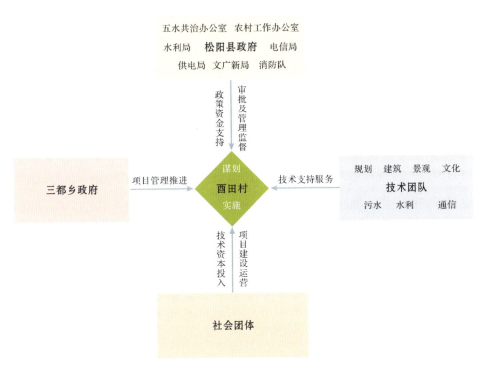

图 3-2　组织实施体系

进度，发布最新动态和需解决问题。

3.1.1.4　组织检查评估

定期组织工作小组对传统村落保护利用工作进行检查或评估，对其中遇到的重大问题会请保护咨询委员会进行论证，提出意见和建议。

3.1.2　政策资金与项目整合

传统村落保护利用项目涉及农村土地制度、房屋产权、文物修缮、环境治理、产业扶持等诸多事宜，门类众多、权责复杂。现实情况下，县级水利、国土、建设、农业农村、文物、供电、电信等各部门可能都有各自的政策和资金用于传统村落的保护和利用，然而各部门在项目立项、政策和资金下达等方面基本自成体系，缺少一定的沟通和统筹机制，往往造成政策、资金等资源配置的分散，对于传统村落而言无法整体呈现保护与利用的成效，而且极易造成工程措施的叠加、返工或者建设性破坏。

因此，在政府的主导下，通过有效的协调机制，重新整合、配置了各部门的政策、项目与资金，用于推进、落实酉田村的保护与利用。

3.1.2.1　浙江"两美"专项资金

2014年5月23日，中国共产党浙江省第十三届委员会第五次全体会议通过《中共浙江省委关于建设美丽浙江创造美好生活的决定》。该《决定》分四部分：建设美丽浙江、创造美好生活的重大意义、总体要求、主要目标和重点工作；建设美丽浙江、创造美好生活的主要任务；建立完善建设美丽浙江、创造美好生活的体制机制；切实强化建设美丽浙江、创造美好生活的组织保障。主要任务是优化完善实现永续发展的城乡区域空间布局；加强山川海洋自然生态保护建设；着力推进以治水为重点的环境综合治理；切实优化"诗画江南"人居环境；加快打造浙江经济升级版；弘扬具有浙江特色的人文精神；不断提高城乡居民生活品质。

酉田村31号、34号、23号民居、包文伟宅、酉田12号建筑保护利用，健身古道、标示系统以及全村农户把自有闲置住房改造成民宿等项目均采用此项资金支持。

3.1.2.2 传统村落保护发展补助政策

2014 年起，中央财政支持列入国家名录的传统村落保护发展，每个村落给予 300 万元补助，其中 150 万用于水资源的保护、污水治理、环境整治、垃圾处理等方面的项目建设，其他用于传统建筑保护利用示范、改善公共基础设施、历史环境要素修复、文物和非物质文化遗产保护利用。酉田村整村瓦片翻新、酉田书吧、生态公厕均为传统村落专项资金。

3.1.2.3 民居修缮鼓励政策

传统村落内村民自有的数量众多、破损严重的传统住宅的维修使用，是困扰诸多传统村落保护发展的重要问题。除去人口流失等宏观因素影响外，维修资金的匮乏是使这一问题的解决举步维艰的主要原因。为此，松阳县依据村落中传统建筑不同的价值等级，出台针对性的鼓励政策与实施细则，联合社会资本与政府财政，推动传统村落中私有产权传统建筑的维修利用。

（1）一般传统建筑改造利用鼓励政策

对除文物保护单位、文保点和历史文化建筑之外的一般传统建筑，松阳县亦出台改造利用专项政策，提出舒适休闲型、简约休闲型、家庭自住型三种改造类型，编制改造技术指南，注重实际操作性，解决潮湿、通风、隔热、采光、卫生等实际问题。传统民居改造利用工作总体上以村为单位推进，10 幢以上符合条件的传统民居同时申报改造，审批实施。改造实施后达到改造标准按建筑面积分别给予每平方米 180 元、120 元和 80 元补助。同时通过示范项目，引导、帮助村民认识学习传统建筑修缮改造做法，提升居住品质，推动传统建筑的维修改造与再利用。

酉田村内包文伟、叶宗伟两户传统民居，均未列入文物保护单位或历史文化建筑，通过改造维修，对原有建筑结构进行了维修更换，改善了房屋的物理性能，增加了卫生间等现代生活设施。改造实施后，亦获得了政府资金的补助。

（2）私人产权低等级文物建筑修缮政策——"拯救老屋行动"

针对传统村落中的私有产权文物保护单位和历史文化建筑，松阳县依托中国文物保护基金会"拯救老屋行动"，探索出针对私人产权的低等级文物建筑和历史文化建筑的保护修缮模式。

松阳县"拯救老屋行动"以中国文物保护基金会的资金推动为助力，采取基金会资助 50%、地方政府资助 20%—30%、产权人自筹 20%—30% 的方式，简化修缮实施程序，优化工程管理，发挥产权人自主意识，有效推动了低级别私有产权文物建筑的维修。酉田村 23 号民居、30 号民居、37 号民居均在"拯救老屋行动"的推动下得到修缮。（表 3-1）

3.1.2.4　农村环境综合保洁政策

为提升农村环境水平，维护"田园、山水、村居"和谐的田园松阳风光，松阳县特别制定了农村环境综合保洁实施方案，由松阳县政府农村工作办公室负责，结合浙江省"五水共治"工程与丽水市"六边三化三美"工程，推行农村环境综合保洁、垃圾集中处理、河道水系治理、户厕改造和污水处理等工程，美化农村生态景观，并在保洁经费与鼓励机制上对山区乡镇和历史文化村落给予了特别关注，借以推动传统村落环境的改善与维护。

表3-1 西田村乡土建筑维修改造政策资金一览表

建筑价值类型	涉及建筑	利用功能	原有产权	现状产权	现使用权	产权转修	房屋租赁	维修改造资金来源
县级文物保护单位	叶氏宗祠	公共	村集体	村集体	村集体	—	—	政府出资修缮
	29号民居	民宿	私有	村集体	民宿业主	易地安置/货币补偿	2万元/年	政府出资修缮
	23号民居	居住	私有	私有	原住民	—	—	拯救老屋基金会50%/政府30%/住民20%
	30号民居	居住	私有	私有	原住民	—	—	拯救老屋基金会50%/政府30%/住民20%
历史建筑	小学	公共	村集体	村集体	私人企业	—	—	政府出资修缮，工商资本提升改造
	书记旧宅	民宿	私有	私有	民宿业主	—	0.5万元/年	户主自筹，政府补助
传统风貌建筑	包文伟宅	居住	私有	私有	原住民	—	—	户主自筹，政府补助
	叶宗伟宅	居住	私有	私有	原住民	—	—	户主自筹，政府补助
	牛栏	民宿	私有	村集体	民宿业主	资金补偿	1.5万元/年	政府出资修缮

3.1.2.5　产业经营鼓励政策与措施

为促进农业经济发展，松阳县大力推进现代农业，推进农产品生态化、精品化、品牌化，培育设施数字农业、农产品精深加工业、生态循环农业，形成了茶叶、香榧、油茶、高山水果等特色产业，将浙南茶叶市场建设成为中国最大的绿茶产地市场、全国绿茶价格指数发布地，为县域及周边地区的茶叶种植及相关产业建立了畅通的生产交易流通渠道。酉田村多年来茶叶种植与高山水果产业的发展与县域范围内农业发展政策与区域市场建设密不可分。

除推进农业发展外，松阳县还结合地方产业、传统文化和特色民俗发展全域旅游、文化创作、休闲养生等不同产业，酉田村作为"摄影村"获得众多摄影爱好者的关注即得益于此。

在乡村旅游深入发展的趋势下，松阳县出台《松阳县关于推进民宿经济发展实施意见（试行）》，成立民宿工作领导小组办公室，从项目申请、备案到验收、发放许可，对民宿建设与经营的各个环节进行规范与管理；组建农家乐协会、民宿协会等农村专业合作组织，开展民宿经营、农家乐、乡村景点导游培训，发挥行业规章、团体章程等社会规范的积极作用，促进农民与市场的有效对接。酉田村"酉田花开"民宿，亦成为松阳县精品民宿的代表，获得了众多媒体的关注与好评。

松阳县政府各项政策的出台与推行，为传统村落保护利用提供了宏观环境的基础与保障，有力推动了村落内具体项目的开展与实施。

3.2 技术支撑

　　以村民及民间技术队伍作为建设主体开展村落保护与建设的过程，是村民行动力与凝聚力组织与激发的过程。一方面发挥村民在项目实施建设中的主体作用，带动村民共同发现和解决村落中存在的问题，改善自身生活的环境，唤起村民对村落建设与维护的责任感，激发村民对村落历史文化的自信心和保护意识。另一方面，以村民为主要的建设力量也是对乡土性与地域性的坚守。在酉田村落保护与利用项目实施中，除基础设施建设涉及部分专业实施人员的介入外，村落中房屋修缮、景观改善、文化修复等各项实施工程，均以酉田村民自建或邻近地区的民间技术队伍建设为主。（图 3-3）

图 3-3　技术指导

当然，村民自身并不具备村落保护利用方面相应的知识与技术，民间技术队伍也缺乏保护的意识，秉持着"授人以鱼，不如授人以渔"的理念，我们作为技术团队通过技术指引、村民培训及驻村指导等方式，推动本土化工匠队伍的建立，实现传统营造技艺的动态传承，从长远上实现村落保护发展的可持续性。

3.2.1　技术指引

技术团队在村落保护建设中，从专业角度出发，把握遗产保护、建筑维修、工程建设的基本原则，从村落保护发展规划、建筑维修改造方案、传统营造工艺做法到具体工程实施指导与验收，保障各项工作的顺利进行。

从技术引导层面，将松阳在多年的传统村落保护发展的道路上摸索出的经验总结成册，针对松阳的历史文化村落民居改造技术上的问题，组织编制了《松阳县历史文化村落传统民居改造利用图解手册》《传统民居改造利用技术指南》《松阳县传统建筑改造技术导则》等技术指导文件。同时，编制了酉田村保护发展规划、历史文化名村保护规划以及历史文化村落保护利用重点村规划。这些指导性技术文件为酉田在整村风貌、文物修缮、改造利用和舒适性提升等方面提供了技术保障。

在村落整体风貌方面，引导村民注重保存村落中的牛栏、踏碓、水圳、谷场、社庙等日久废弃、不为人关注的村落要素，避免过度使用现代材料与工艺，以城市化的手法改造村落，尊重和呵护村落中的历史遗物，维护村落的乡土特征。（图3-4）

牛栏 踏碓

灌溉水渠 水井

社庙 晒谷场

图 3-4 部分村落要素

在文物修缮技术上，坚持低技、乡土、传统材料与工艺使用的引导，例如在建设材料上，引导黄土、杉木、块石、溪滩石以及竹、蔷络等乡土花卉草木使用于村落房屋与景观建设等重要立面和场景中，引导水泥、红砖等工业材料谨慎而克制地用于隐蔽部位，使村落的整体风貌朴素、自然；在工艺方面，引导当地夯土墙的建造和房屋木作、瓦作维修等传统工艺技术方式。一方面是出于对建设成本与建造质量的把控，另一方面体现对乡土性和地域性的坚守。

比如夯土墙的修筑与加固。坍塌的夯土墙，进行"打墙"处理，打墙的用料、工艺、构造及收分要求均按松阳传统做法。（图3-5）

松阳夯土墙建造，俗称"打墙"，一般选择夏天之后、天气干燥、雨水不多的时候实施，这个时段工期进展相对较快。墙基选用未风化、坚硬无裂缝的块石、卵石斜砌，为保护上部土墙，高出室外地面600—1200mm，距离室内地面300mm左右。传统做法为干摆垒砌，现在为加强基础稳定，一般加入3：7石灰浆或黄泥浆等传统黏结材料。墙基埋入地面最好达到800mm以上，也较传统做法更深。墙基顶面采用黄泥浆找平，以方便夯土木模的支设。上部夯土墙体厚度可达400—500mm，修复材料配比沙275斤+黄泥55斤+铁黄1盒+白水泥40斤+适量稻草筋。夯土的颜色每个村子之间都有差异。夯土搅拌采用搅拌棒。

对于夯土墙墙体开裂和局部破损，轻微处不做处理，影响结构安全的采用黄泥灰修补；墙体局部倾斜的，采用松阳传统的"土墙扶正"措施。

图 3-5 打夯土墙

　　夯土墙裂缝、拼缝处理——墙体存在不同程度的大小裂缝，其中小裂缝采用泥浆灌实（压力自流式），大裂缝采用镶砖或瓦片填实，局部受压裂缝（木梁搁置）处增设木垫块。

　　夯土墙倾斜处理——墙体局部倾斜的两处采用传统的"土墙扶正"措施。用木柱顶住倾斜墙体，顶端垫木板，增加受力面积，离墙体不远处挂铅锤，采用"扦墙器"扶正墙体，不宜过快，边扶正边观察，当墙体基本垂直时，在下部裂缝处塞竹片，并进行补缝；扶正后，不宜立即拆除木柱，观察7—10天再拆除。

　　在改造利用和舒适性提升上，对空间布局、室内环境、基础设施以及消防保障、环境卫生等关系居住的方方面面均予以全面考虑，通过技术措施解决传统建筑中的居住问题，提升居住的舒适性，在维护传统风貌的同时改善居住品质。

结合分隔调整、空间置入、室外空间利用和零碎空间利用的方式进行空间布局的优化；从采光通风、保温、防水防潮、隔音节能等方面来提升室内环境；同步开展管线、设备、厨卫、照明等基础设施的置入；做好用火安全、消防给水、报警系统、灭火设施、人员疏散等消防保障。

3.2.2　村民培训及驻村指导

实施过程中，技术团队通过技术培训和驻村指导的方式，推进项目进行：（1）开设培训班对当地工匠进技术培训，传播文物保护观念和具体做法，同时起到宣传效应；（2）全程跟踪项目实施过程，驻村进行技术指导；（3）根据农村工作多变的特点随时调整方案的工作策略，根据具体诉求，反复与三都乡、酉田村两委及村民进行沟通，协调各实施单位与管理部门，确保酉田项目稳步推进。在坚持不懈的专业培训与现场指导下，保护传统村落历史信息与重要价值要素的观念逐渐在村落的建设中传播开来，村民们开始更加审慎地更换房屋的砖瓦梁栋，更加精心地对待一方天井、一片园地，传统工艺、乡土材料的使用在房前屋后的方寸土地上悄然改变着村落的面貌，使之逐渐舒展、有序、重现生机。（图3-6）

驻村指导：全村屋面整体翻修，解决屋面漏雨问题。

浙南山区传统建筑的小青瓦屋面，由传统手工制作烧造而成。受暴晒雨淋日久难免破损，需要定期翻修。如今，材料采备上的困难、居住习惯上的改变等原因，逐渐使这项曾经习以为常的做法从人们的日常生活中淡去。因此，屋面漏雨成为村民提出的最为普遍的居住问题。对于村内一些长期少有人居住的房屋，屋面漏雨不断加剧更进一步带来了房屋内部墙体、构架的损毁，严重的导致房屋坍塌。因此，设计团队与村委协商决定组织实施一次全村的屋面翻修。

为了避免住户自购的瓦片颜色与原有的瓦片差异过大，厚度、质量参差不齐，村集体动用传统村落保护专项资金统一采购了瓦片。为鼓励村民尽可能重复利用原有未破损的瓦片，每户按 40 片／米^{2}瓦片的标准提供，由村民自己找当地匠人或者自己按照传统的手工艺进行翻修，并从风貌角度建议原有瓦片尽量集中用于村落的主要视域。（图 3-7）

图 3-6　村民参与村落建设

图 3-7　屋面修缮前后对比

3.3　多方协调

在项目具体实施过程中，陆续碰到房屋产权协调、饮用水源寻找、基础设施管线敷设、污水设施等一系列问题，结合村民诉求，通过多部门、技术团队协作，共同现场踏勘，协商解决。（图 3-8）

图 3-8　部门协作，志愿者参与环境提升

3.3.1　房屋产权协调与组织维修

　　土地与房屋是农村最为核心与基础的资产。对于村落中旧有闲置房屋的处置，是绝大多数传统村落需要面对的问题和希望借以利用的着力点，因而，房屋以及与之相关联的宅基地权属问题成为大多数传统村落保护利用项目不可回避的问题之一。

　　目前，在遵循国家宏观法规政策的要求下，松阳县对于传统村落房屋的流转主要采取在坚持农村宅基地集体所有的前提下转移使用权的方式，以应对传统建筑的改造利用需求，具体又根据房屋情况、户主需求以及户主与投资者的协商关系存在不同的处理方式。（图 3-9）

图 3-9　房屋产权协调

3.3.1.1　29号民居产权处理与维修程序

对于如同29号民居这类代表一个村落最高建造水平、保存着丰富历史信息的传统建筑，站在遗产保护的角度，从建筑本身价值出发，尽最大可能将其保存下来是理所应当的事情。加之北侧山墙在设计团队进驻后的一次大雨中发生坍塌，进一步加剧了维护修缮的紧迫性。然而，维护修缮的推行却存在着较大的阻力。14户产权所有人，没有亲近的血缘关系，常年居住在外，面对着早年接手的一处居所（称不上是祖上传下来的老宅），多数并没有维护修缮的意愿，勉强居住于此的老人多也只是出于无奈。意识到29号民居面临的这种处境在短期内不会改观，设计团队与村、乡政府决定，从整村发展的角度，将 29 号民居产权转换为村集体所有，通过易地安置或货币补偿的方式解决现有住户的居住问题或作为产权转移补偿，以此为下一步的修缮利用等保护活化措施创造条件并提供更为灵活的空间。

民居的保护与改造是涉及多方参与且过程复杂的一件事情。以 29 号民居为例，在制定保护与改造方案初期，需要村委会、村集体与村民（即涉及的 14 位产权所有人）进行产权转移的协调商讨；浙江省古建筑设计研究院对民居的现状进行测绘与资料整理，然后在与村委会、村集体的商讨下，根据其未来发展需求确立确切的定位，即民宿经营。在此基础上，对民居进行保护与相适应的改造方案设计；村民及松阳当地工匠参与项目实施，古建院则对村民与施工工匠进行技术培训以及进行施工现场的指导；整个过程要遵循各级人民政府的监管、指导；相对应的财政局给予相关扶持资金，博物馆做好建筑文物修缮的审批工作等。

除 29 号民居这类文物保护单位外，包括历史建筑、传统风貌协调或不协调建筑，即使不涉及产权转移或是其他发展定位等问题，也需要上述这些部门进行相对应的问题方案处理措施以及各方面的协调、指导工作。

3.3.1.2　牛栏产权处理

牛栏的产权现状：14 户产权所有人，在工作组的第一次工作后，其中 12 户签订了产权变更协议；另外两户，情况略微复杂且较难处理。

一户为土金叔，是村内唯一一头耕牛的所有者，牛栏产权变更后，其耕牛无房饲养。工作组提出的解决方案是利用村内其他位置的牛栏进行置换，由县里调剂置换所需的资金。土金叔起初不同意，后乡里、村里与他和他的家人多次沟通，并动员其孙子孙女前去劝说，向他解释牛栏改造对村落发展的意义，他才同意置换。想法转变后，土金叔作为夯土师傅，全程参与了牛栏的改造建设；另一位户主，在县城打工，长期租住在外，他将给自己备的棺材放在了牛栏里自己的隔间中。起初工作组也提出另找地方安置，但村里有随意移动棺材会影响命数的说法，户主迟迟不肯答应。工作组面临的难题转变为哪里可以找到合适的安置位置而又能规避风水迷信上的忌讳。经过多方考虑协调，最终提出将棺材放在叶氏宗祠的附房里，这个方案得到了大家的认可，户主本人也比较满意。

3.3.2　饮用水困难的纾解

水源匮乏是三都乡多数村落面临的一个共同处境。2009 年安联溪引水供水工程为酉田建立起的供水系统实施至今，已有十多年光景。随着生活方式的变化以及近年来三都乡各村落民宿、农家乐等旅游产业的发展，生活用水量急剧增加。同时，由于酉田村地处三都乡供水系统下游，缺水断水情况时有发生，导致村民正常生活用水无法得到保障。

为确保酉田村能够得到稳定的水源供给，设计团队同村委、乡政府、松阳县水利部门技术人员多次在三都乡及邻近区域踏勘，寻找水源。起先，选定了距离酉田约 3.6 千米、集雨面积达 0.6 平方千米的上源坑作为水源地，但方案在推动过程中，因途经村庄农田多次协商均未能达成共识，只得作罢（图 3-10）。

之后，在岭上村、上田村、灯盏库水库等处，也因水源不足、政策处理不好、水管无法铺设以及管理等问题未有完善的解决方案；2016 年，酉田用水问题再次陷入困境，只得暂从稍近的紫草岭脚引水，至酉田村上游下田村

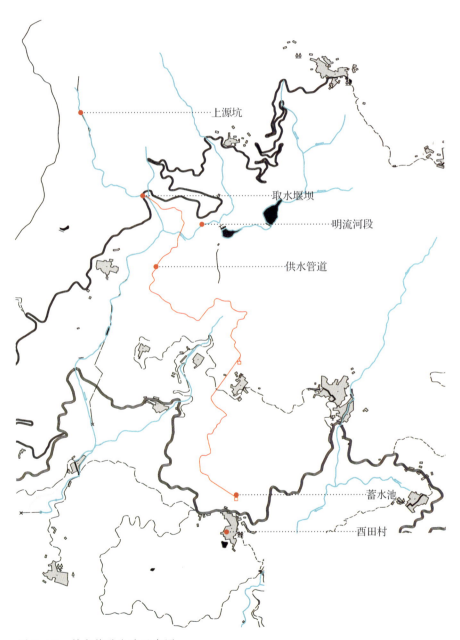

图 3-10　供水管道线路示意图

图 3-11　临时用水措施

建设取水堰坝，接原有的供水管道，为酉田供水；2017 年年末，三都乡全面爆发缺水问题，加之春节临近，返乡人员增多，用水量大增，只能采取桶装水、消防水等临时措施来解决。（图 3-11）

　　用水问题迟迟得不到有效解决，酉田村打算双管齐下：一是在村内打水井获取水源；二是新建 110 吨容量的蓄水池，在夜晚上游用水空闲时段提前蓄水，以供村内日后使用，并在临近春节或重大节日时进行管道沿线巡查，确保酉田的用水。2018 年，村内打井的工作启动，因操作机械较大，只能在相对空旷的地方施工，在村北公路一侧、村内祠堂附近以及池塘北侧的位置共选点三处，进行试探。其中，公路一侧及祠堂附近的挖掘点挖掘深度达到 200 米以上，均不见水。池塘北侧的挖掘点，在 193 米深度有水涌现，持续观测 50—60 个小时后，确定水为承压水，流量变动不大，约为 3 吨 / 时，水质经检测后达到标准。（图 3-12、图 3-13）

　　现今，三都乡用水问题得到松阳县政府关注之后，县政府决定在上游新修水库，扩大现有自然水体的蓄水面，从长远上解决山区用水困难的问题。

图 3-12　检修用水设施

图 3-13　饮用水提升措施

3.3.3　污水管网敷设和排污终端选址

酉田村除村口几座新建建筑的区域局部配有排水管网外，传统聚落区域生活污水基本都未经处理、随意排放，直接渗入地下。随着现代生活污水排放量增加、排放物组成更为复杂，要从根本上维护好村落的生态环境，建设覆盖整个村落的污水处理系统势在必行。

浙江省较早提出推行包括生活污水治理在内的"五水共治"行动，传统村落的污水治理工作也在推进当中。相较于一般性的农村地区，传统村落特别是地处山区的传统村落，在污水管网建设的实际施行中存在一些需要区别对待的实施方式。

酉田村的山地环境使村内高程变化多样，建筑呈阶梯状分布在层层驳坎之上。要适应地形标高、道路和建筑物的布置，规划经济合理的管网线路，需要工作人员进行更具体的现场勘查和方案优化工作，需要建筑保护、管道工程等多方人员共同协商，以维护传统风貌、减少对现有保存较好的建筑、道路、开敞空间的扰动，并尽可能满足管线短、埋深小、自流排出的管网布置原则。

酉田村的污水处理主要针对厕所污水、厨房废水和生活洗涤废水。在处理初期，包括浙江省古建筑设计研究院、中央民族大学多元文化研究所在内的技术部门与酉田村村委、村集体依据当地的给排水规划图纸，先行对污水处理的终端进行了初步的选择定位，之后各部门又在实地踏勘的基础上，在环保局及五水办等相关政府部门的监管、协调下，进一步根据地形及建筑对排污终端进行了选址调整。村落内部按建筑集中分布情况，最终分为三个污水处理区域，设三处污水处理终端，大致位于村落靠东的梯田北侧、村落西北池塘的南侧以及村落南侧水塘的南侧。（图3-14）

新建污水池　　　　　　　　　　终端周边梳理　　　　　　　　　　终端改造

图 3-14　污水处理终端

　　污水处理系统建设后，为使整体风貌与村落环境相协调，在格栅池与厌氧池上方架设木平台，因势作为观景平台，同时成为酉田村通往邻近的杨家堂村古道中的一个节点。平台周围人工生态绿地种植美人蕉、水竹、麦冬等植物，自村落远观亦觉优美和谐。（图 3-15）

　　村落污水的统一处理，将有效保护村落的土壤环境和饮用水水质，也能更好地应对村落未来生活生产可能带来的新的污染，提升村落的环境承载能力。

3.3.4　供电与通信设施建设

　　面对现代生活电气设备使用的增加以及村落未来产业发展的需求，工作组对村落现有的低压供电网进行了改造提升，提高了供电负荷。同时，敷设通信光缆，建设了覆盖村落的无线网络，使村内与外部世界的信息渠道更为便捷。

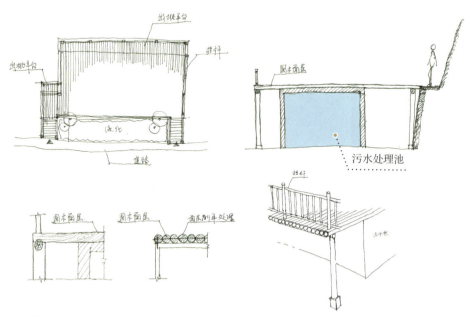

平台手绘示意

图 3-15　污水处理终端风貌整治

铺设电力管网和通信光缆与建设污水管网共同实施，与污水管网的建设一样，也存在线路架设与村落风貌两方面的考量。从保护风貌的角度出发，传统村落有管线入地的做法，但工作组对于全面的管线入地做法的必要性提出质疑。从经济性和风貌完整性出发，选择在村内重要的公共空间——晒谷场和主要视觉观赏面的显要区域——村落前端祠堂、水塘沿线，进行管线入地处理。经过多次与供电、通信部门的讨论，最终确定了管线入地、引上的合适位置和具体方式。（图3-16）

除此之外，对村内路灯的增设与具体的形式也进行过讨论。村落内部原本夜间路灯数量不多，根据村民提出的需要，增设了几盏电灯，形式上选择了20世纪末常见的搪瓷灯形式。村内民宿产业入驻之后，民宿业主为住客考虑提出在村落外围增设几盏路灯，一处选在村落对面的摄影亭，另一处在祠堂东侧的几丛竹子处。工作组意识到有悖于传统村落的本体需求，但最终还是同意了两处路灯的加设，为减少管线铺设，采取了太阳能供电的方式。

3.3.5 道路修复

酉田村内道路大多已改为水泥路面，初期工作组从风貌的角度提出是否应当将整村道路修复为原本的块石路面，很多村民对此提出异议。村内道路多有台阶，村中留守老人、儿童本身行走不便，加上大部分村民日常需要挑柴、挑菜、挑砖、挑瓦，水泥路面全部改为块石路面会带来很多不便。

因此结合村民的意见并节省经济上的支出，路面修复范围缩减到村内南北向主干道路的修复。小巷中的入户道路除需要设置管道井的路面外，如果不存在积水等问题，基本维持原状。村落外围水塘边的主要道路、村口停车

电线风貌整治前

电线风貌整治后

图 3-16　电线入地风貌整治前后对比

场等位置的水泥铺装均未作调整。为避免道路二次施工，道路铺装的修复结合基础设施施工同时进行。实施过程中发现，大部分原有水泥路面下的块石路面保存完整，并不需要大面积重新铺设，只需局部补配。需补配的部分采自酉田村后山，选取有平整表面的块石，以便于通行（图 3-17）。道路两边另做排水明沟。道路修复的方式在一定程度上平衡了村落风貌和村民生活之间的矛盾。（图 3-18）

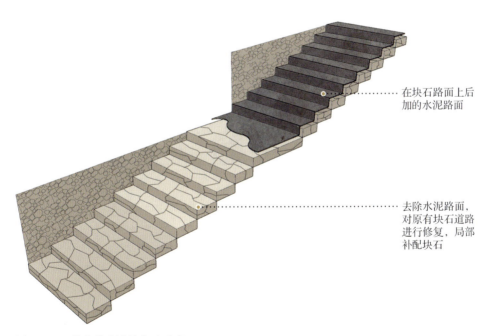

在块石路面上后加的水泥路面

去除水泥路面，对原有块石道路进行修复，局部补配块石

图 3-17　村落道路风貌整治示意

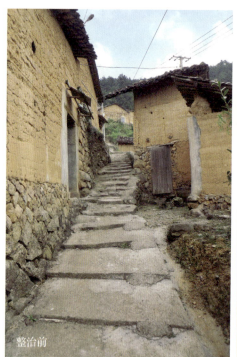

图 3-18 村落道路风貌整治前后对比

4 保护实践

　　酉田村的实践活动，在其相对应的发展理念与目标方法之下，依托于村落整体的布局与发展特色，结合酉田村的实际情况，采取了针灸式的保护措施，突出自身所具有的乡土特色、地域特色，延续村落特有的风貌、文化和环境。酉田村的发展也借助村民的自主能动性，并以"山园田居的维护、宜居家园的重塑、农耕系统的修复、传统文化的再续、新旧产业的共生"为主题定位，坚持了可持续发展思想，并在充分发掘和保护历史遗迹、文化遗存的基础上，在充分保护村落原生态的基础上，保护和继承酉田历史文化特色，优化村落人居环境，提升业态结构，适度开发乡村休闲旅游业，形成传统村落保护发展的样板，把酉田培育成为传统与现代文明有机结合的美丽历史文化村落。

4.1　人居环境的整体维护

　　山、园、田、居，是酉田村民生活其间、朝夕相伴的场所。对酉田村山园田居整体人居环境的维护行动，一方面是对村落内部杂乱无序的景观进行梳理，改善宅前屋后、田边街角的场地环境，延续乡土景观风貌，基于山林、梯田、居所共同构成的完整的人居形态，对严重影响整体风貌的因素进行改造处理；另一方面结合村落历史上的、当下的景观特色，塑造新的村落景观。（图4-1）

酉田村整治前风貌（2014年）

酉田村整治后风貌（2023年）

图4-1　酉田村整治风貌前后对比

4.1.1　乡土景观的梳理

4.1.1.1　乡土植被材料景观梳理

　　针对村落内使用现代材料任意搭建造成的景观风貌杂乱无章的现象，遵从生态友好、乡土亲和的态度，谨慎地选用材料、形式，以乡土材料、乡土植物、乡土技艺进行改造、恢复。做法以梳理整治为主，不进行过多干预，皆以自然不经意之举增添村落内亲切、朴素的田园气息。（图4-2）

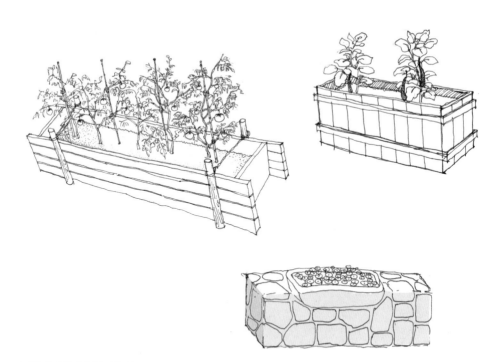

可移动式景观点缀示意手绘

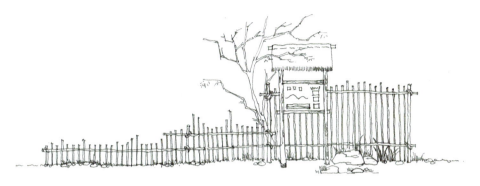

乡土材料围护示意手绘

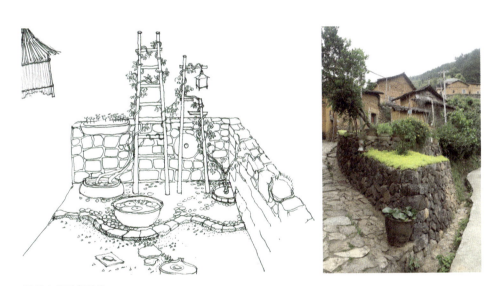

景观小品示意手绘

图 4-2 乡土景观梳理

4.1.1.2　花草果树点缀

　　据村中老人说，酉田早年多植樱桃。村内集体购置了樱桃树 70 株、柚子树 100 株，鼓励村民在村内进行种植。临近年关，又送给每户海棠花以及陶土盆一个，鼓励村民去山上挖一些本地的花草来装点自己的庭院。

　　墙络是酉田村一种常见的爬藤植物，绿色的叶子，开小白花，长势喜人。来自松阳博物馆的青年志愿者自发在酉田种植墙络等当地的乡土植物。在村口、路边、坎墙上点缀了部分看似随意实则精心布置的墙络、月季花，令村落各处繁花点点，生机盎然。果树种植的效果十分显著，到了春天和秋天，村内又多了几处可以采摘樱桃和柚子的地方。（图 4-3）

图 4-3　花草果树点缀

4.1.2 不协调建（构）筑物处理

酉田村内绝大多数建筑仍是以夯土墙、小青瓦为主要外观特征的传统风貌建筑，鳞次栉比、层层叠叠。村落当中几座较高的砖混建筑，矗立在此起彼伏的屋面间，分外惹人注目。为维护酉田村田园山居的整体风貌，对几座外观上过于突兀的建筑进行了不同程度的干预，使之与村落的整体风貌相协调。

4.1.2.1 四层砖混建筑改造

四层砖混建筑是一座未完工的建筑，位于村落北部，跨越不同的台地建造，每层均与室外有出入口相连，在不同的台地可见其一层、二层不同的形象。建筑施工半途停止，此前一段时间一直空置，户主长期居住在松阳县城。建筑红砖裸露，门窗均无，在村落中尤为显眼。（图4-4）

图4-4 四层砖混建筑现状

四层砖混建筑改造方案，主要从建筑在村落中的主要形象出发，在酉田村最佳视角的全景照片上进行处理，讨论何种改造方案更为适宜。方案不单考虑风貌的因素，同时考虑建筑造价与结构安全。起初的方案设想进行降层处理，后因村里有"房子越高家里的发展越好"的讲究以及后续使用空间上的考虑，仅对最上一层进行坡屋面改造，主要从外立面上进行建筑体量的消解。主要采取的措施是在建筑高度较高的立面窗洞上方加设披檐铺传统小青瓦、建筑底部二层外贴块石饰面形成山地建筑台基的形象，从视觉感受上降低建筑的高度。在原红砖墙表面抹灰喷涂夯土墙质感的真石漆，使之整体与周边的传统建筑风貌相协调。（图4-5、图4-6、图4-7）

4.1.2.2　二层砖混建筑改造

酉田村36号民居是一座二层半高的平屋顶水泥抹面砖混建筑，位于村落低处几座较大的宅院之间，内部有人居住。建筑总体高度尚可，仅顶层的楼梯间高起略显突兀，水泥抹面的外观也将它与周围的建筑显著区分开来。最终采取的干预方式是顶部楼梯间降层处理，整体改为坡屋顶，外立面喷涂夯土墙质感的真石漆。（图4-8）

4.1.3　马尾松保护与长廊建设

村落祠堂东侧的几株马尾松，古意盎然，令山中的这片村落颇有几分仙境之感。至马尾松下向南，行至村落南端的牛栏，途经一片开阔场地，这里是村落东南的一处豁口。沿马尾松走势，于场地边缘建造观景长廊，作为休憩远望、追忆乡景的场所，既为村民提供闲话家常的场所，也为外来游客、写生与摄影爱好者提供了绝佳的观景场地。（图4-9）

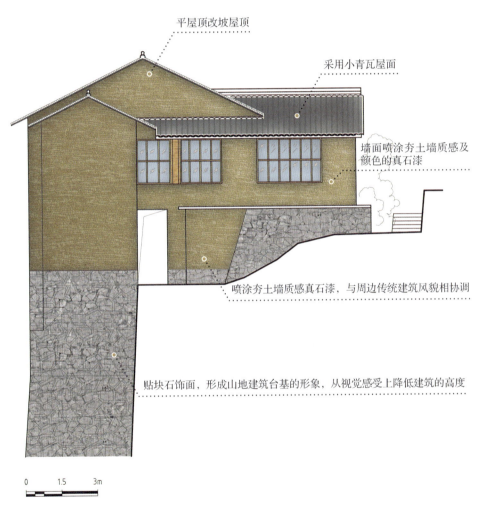

平屋顶改坡屋顶

采用小青瓦屋面

墙面喷涂夯土墙质感及颜色的真石漆

喷涂夯土墙质感真石漆，与周边传统建筑风貌相协调

贴块石饰面，形成山地建筑台基的形象，从视觉感受上降低建筑的高度

0 1.5 3m

图4-5 四层砖混建筑南立面改造方案图

077

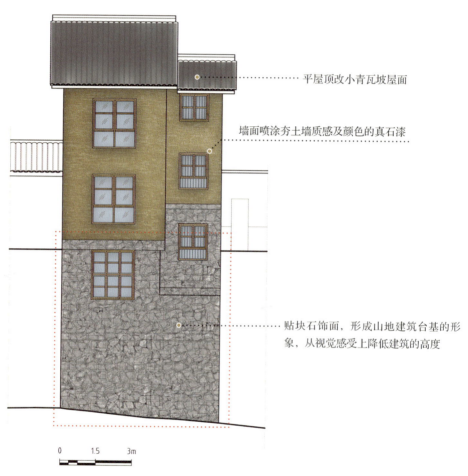

平屋顶改小青瓦坡屋面

墙面喷涂夯土墙质感及颜色的真石漆

贴块石饰面，形成山地建筑台基的形象，从视觉感受上降低建筑的高度

0　　1.5　　3m

图 4-6　四层砖混建筑西立面改造方案图

建筑南立面改造前

建筑南立面改造后

建筑北立面改造前

建筑北立面改造后

图 4-7　四层砖混建筑改造前后对比

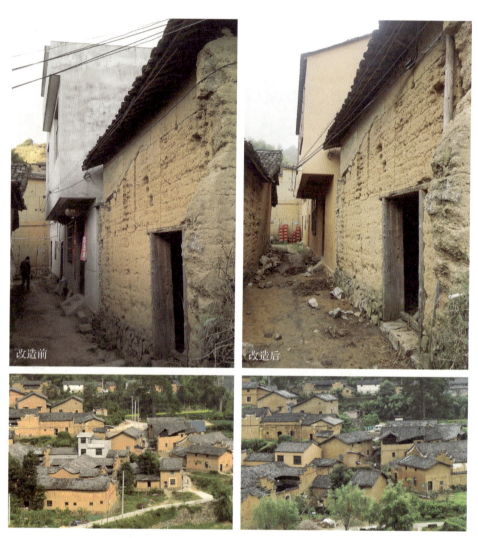

图 4-8　二层砖混建筑改造前后对比

马尾松

建设好的长廊

图 4-9　祠堂东侧的马尾松与长廊

　　长廊地块处于陡坎边缘，北侧有翠竹几丛，南有桃树数棵，原有的环境
基本保留，只是稍加梳理，局部陡坎进行加固处理。长廊的平面布局，一边
连着古松，一边延向牛栏，随地势自北向南蜿蜒伸展，端头屋面抬高呈翘首状，
是对"狮子戏球"历史景象的隐喻。其本身的建设方面，考虑将长期临风雨侵蚀，
整体采用新料，并对柱脚进行加固处理。屋面采用手工小青瓦，地面铺装为
块石。（图4-10、图4-11、图4-12、图4-13、图4-14）

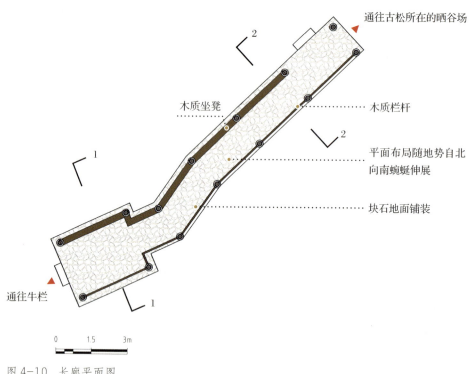

图4-10　长廊平面图

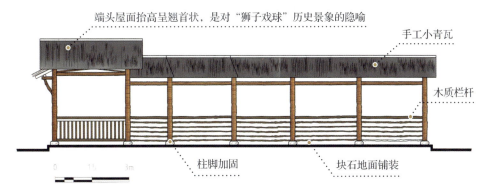

端头屋面抬高呈翘首状，是对"狮子戏球"历史景象的隐喻

手工小青瓦

木质栏杆

柱脚加固

块石地面铺装

0   1.5   3m

图 4-11　长廊南立面图

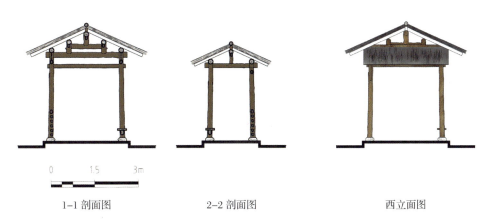

0   1.5   3m

1-1 剖面图　　　　　　2-2 剖面图　　　　　　西立面图

图 4-12　长廊 1-1 剖面图、2-2 剖面图、西立面图

图 4-13 长廊选址照片

图 4-14 观景长廊营造过程

由马尾松行至长廊，驻足远眺，视野开阔，可广览众山，俯瞰梯田及山脚村落，湖光山色间，静谧而美好。（图4-15）

不过，马尾松本身的生存情况堪忧。早期有六棵松树，近年两棵被砍，一棵遭雷电劈中而死，还剩三棵。现在，又有一棵马尾松患松材线虫病。松材线虫病是松类的毁灭性病害，且传染性较强。为尽可能保住现存的三棵松树，工作组专门延请泰国专家前来诊治。

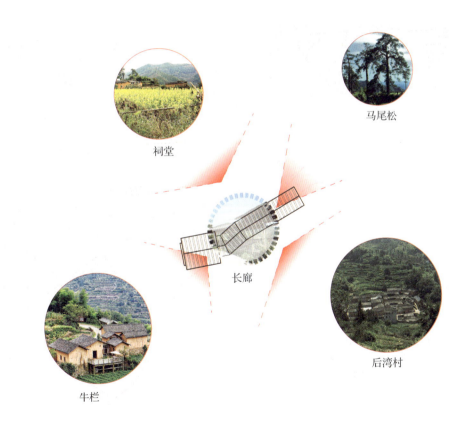

祠堂

马尾松

长廊

牛栏

后湾村

图4-15　长廊视野分析图

4.2　乡土建筑的保护与改造

　　技术团队在村落保护建设中，从专业角度出发，把握遗产保护、建筑维修、工程建设的基本原则，从技术引导层面，根据近年来编制完成的《浙江省传统民居类文物建筑保护利用导则》《浙江省传统村落风貌控制的非建筑核心要素研究》等技术管理要求，结合酉田村传统建筑特征，针对村落内存在的文物保护建筑、历史建筑、传统风貌建筑等不同保护级别的乡土建筑，根据不同的保护利用要求，做出了差异化的修缮和改造措施，为传统村落内不同类型建筑的保护与利用提供了参考。（表4-1、图4-16）

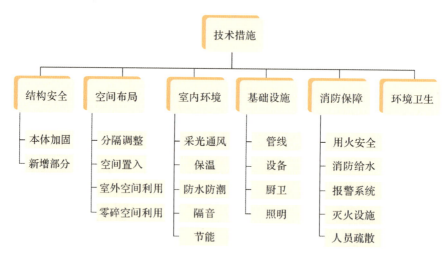

图4-16　低级别文物建筑保护利用技术措施

表 4-1 西田村不同保护级别乡土建筑保护与改造措施

建筑价值类型	建筑立面	主体结构	平面布局	价值部位	保护对象	保护/改造策略
县级文物保护单位	不改变立面形状、材质、色彩，各门窗洞口的位置、大小和比例	以消除结构隐患为目的对受损部位进行加固或修复，能修补不替换，修复采用原形制做法	遵循原有平面布局，不得改变位置或改动原有空间分隔和形式；增加空间分隔需遵循可逆和可识别性原则	不得改变	完整保护	保护真实历史，修旧如旧
历史建筑	主要立面不改变其整体形状、材质、色彩，各门窗洞口的位置、大小和比例	遵循原有结构形式和做法，不进行非加固目的的结构改动	确定为核心价值要素的平面布局部分，不得增加、拆除或改动其位置和形式；不涉及核心价值要素的，改动需遵循可逆和可识别性原则	不得改变	判断价值，区别对待，择优保护	保护价值要素，促进活化利用
传统风貌建筑	主要立面不改变其整体形状、材质、色彩，各门窗洞口的位置、大小和比例可根据使用需要进行调整	可根据使用需要对原有结构进行调整或更改	保持平面总体轮廓特征，内部空间可根据使用需求进行调整	尽可能保护	总体风貌、体量、外观特征	维护风貌，反对拆除
风貌不协调建筑	协调色彩、体量，增加传统风貌特征要素	根据使用需要调整	根据使用需要调整	—	—	协调风貌

4.2.1 文物建筑：老宅让渡 维修示范

29 号民居位于村落中心的位置，是酉田村建造年代较早的几座传统宅院之一，为松阳县文物保护单位。现存建筑建于清末，为叶昌法太公叶友宝所建，三座院落并列，坐东朝西，背倚驳坎，前望远山，建于狭长的台地上。20 世纪 50 年代土改后，整座宅院分配给了 14 户人家，现今多数常年在外务工或在县城另有居所，仅有两三位老人居住其中。（图 4-17）

从整村发展的角度出发，将 29 号民居产权转换为村集体所有，以此为下一步的修缮利用等保护活化措施创造条件并提供更为灵活的空间。产权转移完成之后，设计团队联合村、乡政府对 29 号民居做了进一步的打算，期望通过对 29 号民居的修缮，探讨以下几个问题，努力达成一定的目标：

传统村落中低等级文物建筑修缮的标准和做法；

以改善宜居为出发点，在遵循文物修缮要求的同时，尽可能满足现代居住需求、提升居住的舒适性；

期望实施完成后作为一个具有较高标准的修缮改善案例，发挥辐射效应，带动村落中其他村民自主改善并为其提供参考；

为后续的利用提供基础，吸引居住相关产业进驻。

基本问题与目标设定之后，接下来便是保护措施的选择及实施。根据 29 号现状残损情况及未来发展的相关设想，在勘察测绘与分析评估基础上，遵循文物修缮要求，结合使用功能，确定修缮利用的主要内容包括以下几个方面：

首要解决结构安全问题，消除建筑的危害因素，如坍塌夯土墙的修筑与加固、倾斜开裂夯土墙的纠偏和修复、坍塌梁架的恢复、漏雨屋面的翻修等。

保存建筑的传统风貌和特征要素。确定需要保存、修复、替换和维修的内容。如夯土墙、木构架、小青瓦、马头墙、块石墙基、几何纹格花窗、格扇门、石库门、牛腿、雀替等代表 29 号民居特征的基本要素，对其维护修缮须遵守不改变原状的原则；以消除现存的残损病害及各种隐患为主，对受损部位进行加固或修复，能修补不替换，尽可能多地保留 29 号民居真实的历史信息。（图 4-18）

建筑修缮措施兼顾使用需要，可结合现状的残损选择适宜的利用措施。在遵循文物保护基本原则的基础上，鼓励和支持合理利用，尽量延续原有使用功能，在不影响建筑特征要素的前提下，建筑内部空间可结合使用功能予以适当调整，提升空间舒适度与利用率。（图 4-19）

兼顾单体修缮与传统村落整体风貌要求。因 29 号民居处于村落中心，其外围道路以及主要观赏立面及屋面的处理措施需结合整村风貌统一考虑，如道路铺装、立面门窗、设备管线、屋面小青瓦颜色等。

针对 29 号民居的保护与改造，是属于结构、空间与设备等方面的全方位技术改造。

图 4-17　酉田传统建筑改造示意图

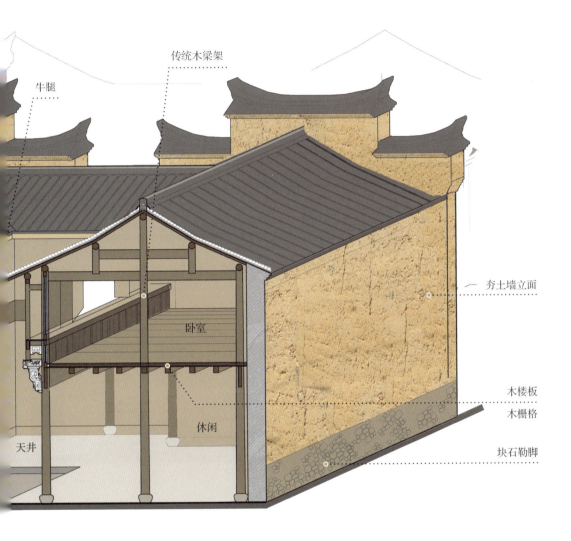

传统木梁架

牛腿

夯土墙立面

卧室

木楼板

木栅格

休闲

块石勒脚

天井

图 4-18　29号民居修缮前

4.2.1.1　结构安全

（1）墙体的修筑与加固

酉田村传统建筑墙体均为夯土墙、块石墙基。29 号民居北侧院落北侧外墙因处于西侧坎墙下方，长期受雨水冲刷，导致墙体泥土流失以致坍塌。因地势原因，建造时此墙体即与驳坎相连，避免不了潮湿环境，因此方案为从根本上排除安全隐患，恢复墙体，将原来的块石墙基抬高，以减少雨水对夯土墙的直接冲刷。（图 4-20）

块石墙修复——材料取自酉田本地，砌筑时应把较大块的规整石料用于墙脚；采用每块石料大面朝下，小面尖头朝上，平面朝外的做法；石料上下左右前后犬牙交错，墙体收分上为 350，下为 420。为加强稳固度，墙体转角块石相互咬合。墙体与山体相连的地方采用块石浆砌，且外不露浆，满足防水及风貌需要。

（2）梁架修复

按留存梁架形式恢复坍塌梁架，采取墩接、灌浆、剔补、嵌补、更换等方式修复不堪结构负荷的梁、柱、格栅、檩条等木构件。木材采用松阳老房子中常用的杉木、樟木等木材，尽可能收购旧料，并对构件进行防火、防虫和防腐处理。（图 4-21）

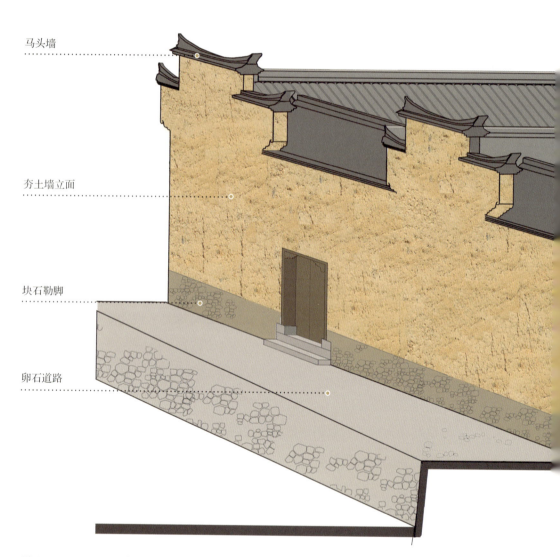

马头墙

夯土墙立面

块石勒脚

卵石道路

图4-19　29号民居特征要素保护

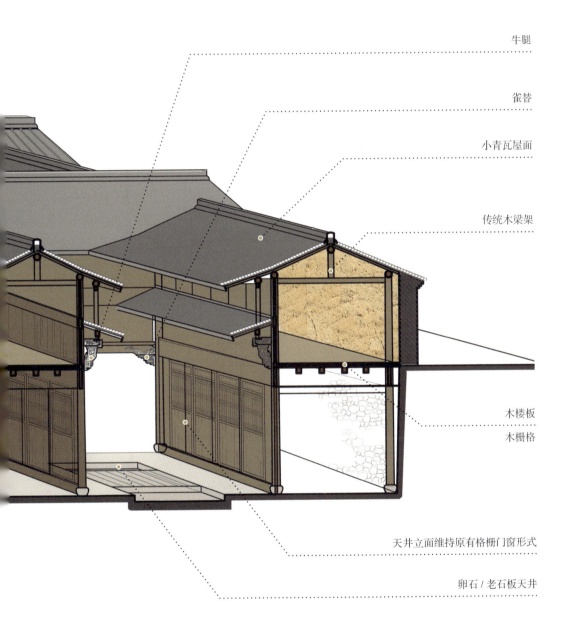

牛腿

雀替

小青瓦屋面

传统木梁架

木楼板
木栅格

天井立面维持原有格栅门窗形式

卵石 / 老石板天井

修补墙体

纠正墙体

纠正墙体

院落一　　　　院落二　　院落三

一层平面图

0　　　5　　　10m

二层平面图

图 4-20　29 号民居改造后一层平面、二层平面图

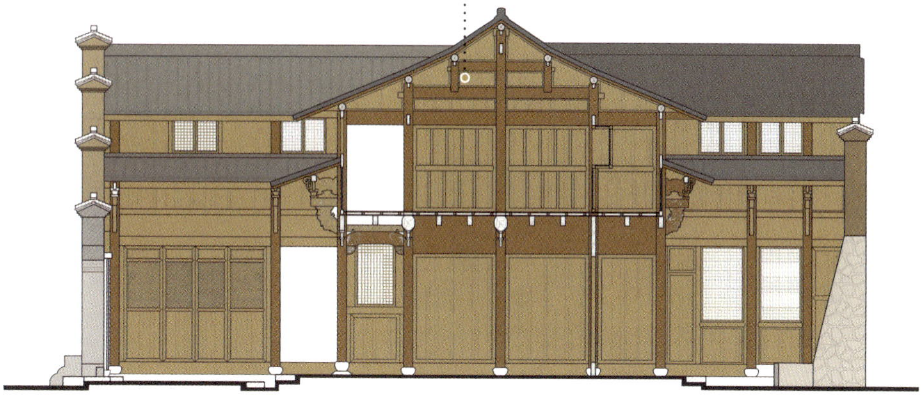

房间布置延续原有的木构架空间特征，与柱网、层高、开间尺寸等相匹配

图 4-21　29 号民居剖面梁架图

4.2.1.2　空间布局

根据建筑未来的使用功能对整体空间布局进行重新调整。考虑未来作为民宿使用，北侧堂屋两侧的房间及厢房作为居住单元，当中一座作为餐厅，辅房仍作为厨房、杂物间使用。原有二楼均为储藏空间，现调整为房间，提升空间利用率。（图 4-22）

　　房间布置延续原有的木构架空间特征，与柱网、层高、开间尺度等相匹配，天井、廊道、堂屋心间等公共空间延续公共属性及传统风貌。（图 4-23）

延续体现传统工艺做法及其他具有保护价值的隔断。按照新的使用需求对缺损的板壁、门窗进行了修复。因利用新增的隔断采用传统做法，其色彩、材质与建筑原隔断协调。

综合考虑新的使用功能与消防疏散要求，在中间院落中增设一部楼梯，做法同留存楼梯。

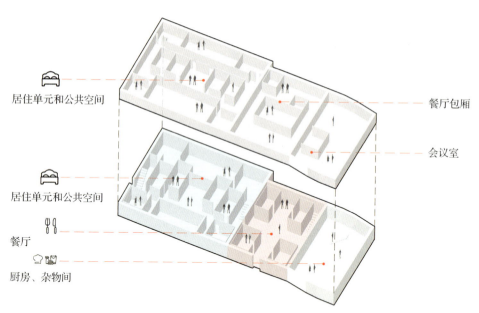

居住单元和公共空间

餐厅包厢

会议室

居住单元和公共空间

餐厅

厨房、杂物间

图 4-22　29 号民居改造后功能分区图

天井立面维持传统隔扇和木板壁形式　　　　　天井、廊道等公共空间延续公共属性及传统风貌

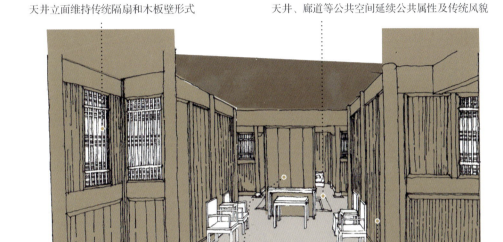

延续体现传统工艺做法及其他具有保护价值的隔断

新增的隔断采用传统做法，其色彩、材质与建筑原隔断协调

图 4-23　29 号民居空间改造

4.2.1.3　室内环境

（1）屋面防水

酉田及松阳地区传统民居建筑屋面大多采用在木椽上直接铺设小青瓦的做法。修缮中，为提高屋面防水性能，改善室内物理环境，对传统的屋面做法进行了改良，即在木椽之上增设望板木基层，其上铺设防水卷材，再钉木椽铺瓦。木基层和防水卷材的增设，能够有效改善传统屋面常有发生的瓦片

破损、屋面漏雨现象，减少屋面维修的频率，也能提高屋面的保温隔热能力，改善室内特别是二层空间的物理环境。（图4-24、图4-25）

（2）地面防潮

酉田传统民居一层室内地面，堂屋及廊下部分多采用三合土或方砖地面，房间内部在素土夯实的地面上架木格栅上铺木楼板。修缮中，在原有的地面基层材料中增加防水砂浆以改善地面防潮性能，结合修缮，在地面增加聚氨酯防水涂料。房间内部地面，除在素土夯实的地面上加防水砂浆层外，还在木楼板下侧面板壁隐蔽部位开孔，以疏导下方的潮气，临近山体的位置开挖暗渠，排除渗水。

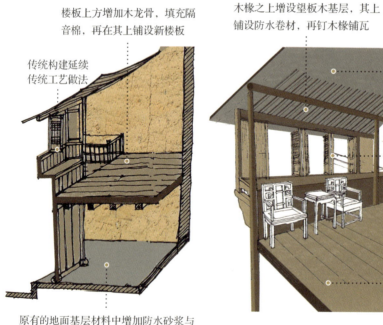

楼板上方增加木龙骨，填充隔音棉，再在其上铺设新楼板

传统构建延续传统工艺做法

原有的地面基层材料中增加防水砂浆与聚氨酯防水涂料，改善地面防潮性能

木椽之上增设望板木基层，其上铺设防水卷材，再钉木椽铺瓦

屋面翻修，修复霉烂椽子

按照新的使用需求对缺损的门窗扇进行修复

为改善隔音效果，增加隔音措施

图4-24　29号民居室内环境改造

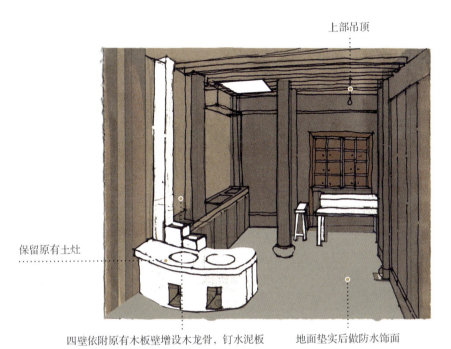

上部吊顶

保留原有土灶

四壁依附原有木板壁增设木龙骨，钉水泥板　地面垫实后做防水饰面

图 4-25　29 号民居设施设备改造

（3）墙体、楼板隔音

为适应不同房间使用适度的隐私需求，改善房间的隔音效果，对原有的板壁和楼板进行改造。在原有的楼板上方增加木龙骨，填充隔音棉，再在其上铺设新楼板。板壁亦采取此法，双层木板中加木龙骨填充隔音棉。

（4）采光、通风

屋面对应楼梯、走道等位置，局部改用玻璃瓦，改善室内采光效果。玻璃瓦位置选择在村落的非主要视域面。

4.2.1.4 设施设备

（1）卫生间

在部分房间内部以及楼梯下方增设卫生间，开挖管沟，污物经排污管道、化粪池，接入村落排污系统。

（2）电气

为化解传统木构建筑使用中电线随意拉接可能带来的安全隐患，并考虑房屋未来用电负荷的增加，对房屋电力系统进行了重新设计安装，配备了室内应急照明系统、普通照明配电系统以及屋顶避雷和室外接地系统，考虑未来空调等电气设备的使用，配电箱在用电容量上做出了预留。电力管线埋地敷设，出线采用深色金属软管，沿木构阴角敷设。应急照明线金属套管上喷涂丙烯酸乳胶防火涂料。电表箱避开建筑主要立面，嵌入墙体内部或选择隐蔽部位设置。室内照明选择重量轻、发热量小、高效节能的灯具。

（3）给排水

因卫生间等设施的加入，房屋用水增加，同时产生新的排污方式，因而对房屋给水、排水系统重新进行了整体的配置，主要包括给水、热水、污水系统。按新的使用需要铺设给水管网，接村内给水管网。起初管网是沿后厢房走线，后根据现场情况，设计方案中走线位置为三合土划线地面，是酉田村保存完好的几处之一。因此经过现场进一步勘察，把管网线路移至两侧厢房地下铺设，减少对三合土地面的影响。

洗浴热水采用储热式电热水器供应。卫生间污水采用合流制，设置化粪池，接村落排污系统。（图4-26）

图 4-26　29 号民居修缮前后对比

4.2.2　历史建筑：重焕新生的学校

　　五心小学建于民国初期，曾广收附近五个村落的学生，培养了大量宗亲子弟，是酉田村近代教育与启蒙的先声，五心小学校名取自"把忠心献给祖国，把孝心献给父母，把爱心献给社会，把关心送给他人，把信心留给自己"的五心教育内涵，并以此为校训。至今学校教师办公室墙上还留有"五心教育"的墨书。五心小学是酉田村村委会所在地，同时作为居家养老服务照料中心使用，因日常使用需要，后期加设隔墙和吊顶，作为办公室、阅览室、活动室等。（图4-27）

　　五心小学现有建筑包括一座南向五开间砖木结构主体建筑和与之相连的两间夯土泥屋，主体建筑背后有一座相对独立的附属用房。主体建筑与夯土泥屋共同朝向一个内向院落，以围墙与外界环境相隔，入口门楼设于院落东南位。将现有建筑配合新的功能环境需要加以整修利用，作为酉田村新的乡村中心，兼具居家养老的功能。

图4-27　五心小学改造前

2017—2018 年，基于五心小学作为乡村展览中心的功能，对其进行了修缮改造，以保证安全为前提、以提升功能适应性为主，维持原有建筑风格、突显当地特色，坚持采用当地材料、做法及工艺。

在空间布局上为扩大使用空间，将原有前廊纳入室内，并在前檐柱间配以折叠式玻璃门，沟通建筑内外，内部隔断予以贯通利用，便于聚众活动的开展。两间夯土泥屋原为五心小学教师办公室，后作为博物馆档案室和工作站对其结构进行托换改造，因房屋低矮，与主体建筑不协调，对屋面进行抬高，并增设采光直棱窗，改善与主体建筑之间的联系。主体建筑北侧相对独立的附属用房作为居家养老中心，配备餐厅、厨房，并安置卫生间等服务设施。主体建筑与附属用房间加设连廊，方便使用。（图 4-28）

酉田村与后湾村合并后，居家养老的功能转移至后湾村，五心小学大部分时间处于空置状态，2023 年三都乡政府引进青创联盟，五心小学作为青创中心，基于现代社会的生活方式及需求对其进行改造，改造以"融合与创新"为理念，不涉及核心价值要素，遵循可逆和可识别性原则在传统建筑外壳内部置入现代化空间模块，实现传统与现代的交融，促进建筑活化利用。2023 年 5 月对外开放，目前已成为酉田网红打卡地之一。（图 4-29）

在保护传统文化的基础上，保留建筑原有结构及五心小学墨书，根据需求对平面布局进行调整，原有的空间为 L 形建筑体量与墙体围合成院落，将原有空间抽象为更简洁的 L 形体块，放置于建筑与院子过渡地带，

图 4-28　五心小学改造前后对比

图 4-29　乡村中心活动室与展览中心

图 4-30　对五心小学的再利用

　　形成建筑的新界面，使得建筑界面更加通透，老建筑的结构得以充分展示的同时，院子的景色成为室内空间的一部分。室内局部新增夹层空间和阶梯式休闲空间，为儿童阅读提供丰富、有趣的空间模式。（图 4-30）

4.2.3　传统风貌建筑："洗心革面"的老宅

　　书记家的老宅在村中南北向主要巷道西侧，是一座建造年代较晚的三开间泥屋，门前带有一个开敞的院子，户外空间开阔。自从在北面不远处建了新房后，书记家的旧宅便不再有人居住。（图 4-31）

　　考虑到村落未来对外发展的可能，书记也想把闲置多年的房子利用起来，未来吸引民宿等合适的业态进入，增加收入。

　　方案着眼于现有墙体结构的处理和未来使用的需要，主要的改造内容是在维持建筑现有的传统风貌和体量的前提下，调整立面门窗洞口位置、新开设多个窗户，内部增设二层楼板，并对坍塌墙体、结构负荷不足的木构架以及屋面进行维修改造。（图 4-32、图 4-33、图 4-34）

图 4-31　书记老宅改造前原貌

建筑高度在原有水平上略有提升，使室内二层的空间更为舒适。

北侧山墙因常年受上层台地雨水冲刷，改砌成砖墙，增开了两个窗洞。南立面入口门洞位置调整到中间开间，上下层共新开五个窗洞。产权人自主改造过程中，夯土墙上新开洞口的做法引起了设计团队的注意。由于所开洞口尺寸过大，上下两层窗户间槛墙同时改为砖墙，对原有夯土墙整体性造成破坏，结构安全存在隐患，风貌上也与传统样式存在较大区别。因此，在设计团队的要求下，对窗洞大小进行了调整。

屋面增铺望板防水层，朝北的屋面增加了玻璃瓦。

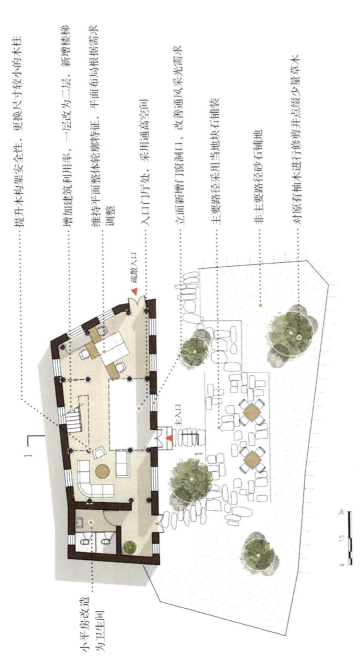

提升木构架安全性，更换尺寸较小的木柱

增加建筑利用率，一层改为二层，新增楼梯

维持平面整体轮廓特征，平面布局根据需求调整

入口门厅处，采用通高空间

立面新增门窗洞口，改善通风采光需求

主要路径采用当地块石铺装

非主要路径砂石铺地

对原有柚木进行修剪并点缀少量草木

小平房改造为卫生间

图 4-32　书记宅改造后一层平面图

0　1.5　3m

传统风貌建筑，维持原有夯土墙风貌

新增多扇窗户

设木色框玻璃窗

用夯土色彩质感真石漆进行整体添刷

利用平屋顶改为露台

外侧为木窗，内侧为保温需求设玻璃窗

入口门洞调整至明间

0　　1.5　　3m

图4-33　书记宅改造后南立面图

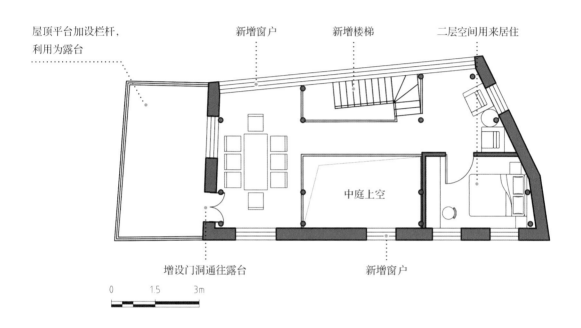

屋顶平台加设栏杆，
利用为露台

新增窗户

新增楼梯

二层空间用来居住

中庭上空

增设门洞通往露台

新增窗户

0   1.5   3m

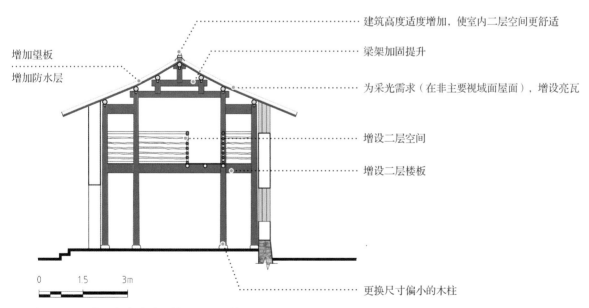

建筑高度适度增加，使室内二层空间更舒适

梁架加固提升

增加望板

增加防水层

为采光需求（在非主要视域面屋面），增设亮瓦

增设二层空间

增设二层楼板

0   1.5   3m

更换尺寸偏小的木柱

图 4-34　书记宅改造后二层平面图、剖面图

图 4-35　书记老宅改造过程

　　墙体整体实施完成后，采用了夯土色彩质感的真石漆进行整体涂刷，一层窗户外侧采用木窗内侧另加玻璃窗，二层用了简洁的木色框玻璃窗。

　　同时，对建筑门前的院落进行了整理，门前区域用当地块石做出主要路径，其余部分沙石铺装，三三两两点缀上乡土草木，并对原有的两棵柚树做了剪修。（图 4-35、图 4-36、图 4-37）

4.2.4　传统风貌建筑：日显局促的半屋

　　叶宗伟宅是村落北部距离公路不远的一座三开间二层独立泥屋，建于 20 世纪 80 年代。房屋建造时用地即十分狭窄，南、北、西侧均为驳坎。这座三开间泥屋，实为叶宗伟和哥哥宗水两家共有，是二人自父辈分家析产得来，弟弟叶宗伟居西，哥哥宗水居东，当中客厅两家共用，然而多只用来置放闲杂物品并无固定陈设，楼上空间闲置，仅靠客厅后部一架活动爬梯临时上下。随着两人各自家庭的壮大，原有的三间泥屋空间日显局促。

图 4-36　书记老宅改造后的庭院

图 4-37　书记老宅改造前后对比

　　叶宗伟一家四口，夫妇二人育有一子一女。子女都在县城读书，周末及节假日回村居住。因此，以尽可能低的造价，增加房屋的使用空间，改善现有的居住条件，满足一家四人的生活起居需求，成为此次改造最基本的要求。同时，由于叶宗伟哥哥家没有改善的需求，此次改造的范围仅限于房屋的西侧，控制成本以及两家共有区域改造使用的协调和处理也为此次改造需要应对的一些问题。

4.2.4.1　居住空间的拓展和改善

　　一层改做全面空间的处理，南北两侧通过家具立柜分割，南侧作为家庭起居室，北侧作为夫妇卧室；二层前后通过木板壁分割，作为子女各自的独立卧室，并于朝向心间的板壁上加开窗户，以利通风采光；在心间将原有活动爬梯换做固定楼梯，踏步起于西侧，减少流线交叉。为了改善传统泥屋空间封闭室内昏暗的特点，夯土墙内部全部用白色涂料粉刷一新，室内空间感受得到明显的改善。（图 4-38）

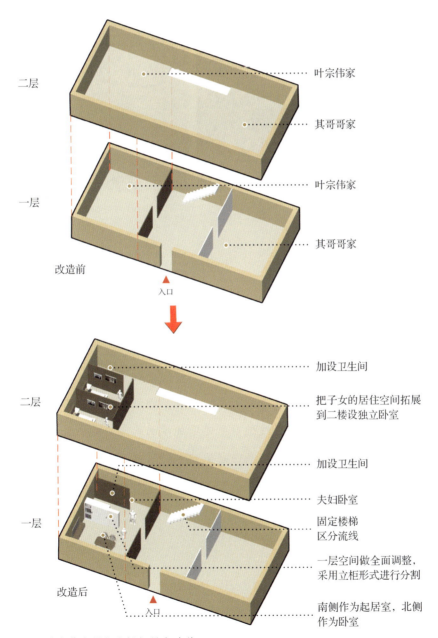

二层

叶宗伟家

其哥哥家

一层

叶宗伟家

其哥哥家

改造前

入口

二层

加设卫生间

把子女的居住空间拓展
到二楼设独立卧室

加设卫生间

夫妇卧室

一层

固定楼梯
区分流线

一层空间做全面调整，
采用立柜形式进行分割

改造后

入口

南侧作为起居室，北侧
作为卧室

图 4-38　叶宗伟宅居住空间拓展和改善

图 4-39　屋面防水、防尘处理

4.2.4.2　屋面防水的处理

　　居住空间拓展到二层之后，原本忽视的传统小青瓦屋面漏雨、落尘的问题，此时便成为一个不得不预先考虑的事情。为此，户主向设计团队寻求合适的处理方法。小青瓦屋面本可以通过增铺望板加防水卷材的方式改善瓦片破损时常漏雨的问题。然而，即便经过多次沟通，哥哥家依旧不打算参与这次房屋改造，上述增加屋面构造的做法将带来新旧屋面交接处理的问题，屋面漏雨问题依旧不能得到妥善解决。因此，从技术角度出发，设计团队建议在原有屋面下方增加望板防水层，以维持原有屋面标高不变。（图 4-39）

4.2.4.3　加设卫生间

　　酉田村即便是 20 世纪 90 年代建造的房屋，也很少在家中建造厕所，叶宗伟家也是如此。村里小学和水塘旁有两处厕所，供全村使用。近年来村中农事活动减少后，越来越多不再务农的村民更期望在自己家中有一个现代的卫生间。叶宗伟家也想借此次房屋改造机会，在自家中增加两个卫生间方便全家人使用。由于农村房屋建设的限制和用地的局限，卫生间只能在原有房屋内部建造。

　　在西开间临北墙的位置增设卫生间，技术上局部取消原有的木楼板，在房屋内部砌筑贯通两层的砖筒，浇筑钢筋混凝土楼板，内部贴防水瓷砖，配备洗手盆、抽水马桶等现代设备和给排水系统。同时，北侧外墙上下两层增开了两扇窗户，改善室内通风排湿。（图4-40）

图4-40　自住低成本增设卫生间

在户主和设计团队对改造方案基本商定之后，叶宗伟家改造在 2015 年 1 月开工建设，户主找来三都乡当地工匠，经过几个月的建设和设计团队过程中的建造指导，于同年 3 月基本建设完工。简单而有效的几项做法，给叶宗伟家的居住环境带来了显著的改观，户主对于改造结果比较满意。此次房屋改造费用户主自费 5000 元，余下由村集体与三都乡统筹。

4.3　农耕系统的修复与转化

4.3.1　犁耙耖·踏碓房：保存农耕器具　记录稻作农业始末

犁、耙、耖，拉谷筒、打谷机、鼓风机，磨坊、踏碓房，酉田这些过去耕种收藏的农具、作坊，如今渐渐淡出人们的生活。为了挽留酉田村落行将消失的传统稻作农业，我们决意将这些不再使用的农具、设施修理、保存下来，让它们继续承载着酉田传统稻作生产的始末流程。

酉田村全村公用的一个踏碓，位于叶氏宗祠西侧的一处边角空地上，依附宗祠后进山墙搭设披檐，以避雨水侵袭。踏碓舂米，主要依靠一根长木臂，一端供人踩踏，一端安装石杵击锤，在一上一下的踩踏下，冲捣石杵下石臼内的稻谷，脱去皮壳；为固定木臂和方便踩踏，木臂两边还设有立柱和扶手。日久不用，踏碓木臂安装石杵的端头早已糟朽开裂，石杵不知去向，四周地面在后期的使用中漫上了水泥，雨水蓄积后长满青苔，承托披檐的木柱在地面潮气的侵袭下苔藓滋生。（图 4-41）

修理中，采用块石重新铺砌了踏碓周围的地面，着意做好排水。披檐木柱添加了柱础，翻修了屋面。重新制作安装了踏碓木臂，并配上石杵。修缮完工后，整葺一新的踏碓，依然安静地停留在那里，无声无息，却留下了过去的记忆。（图4-42）

图4-41　踏碓修缮前照片

图4-42　踏碓房修缮前后对比

4.3.2　晒谷坛·古松下·水井边：装点公共空间　促进人际交往

晒谷坛、古松下、水井边，村落中这些由农耕生产和生活而生的公共空间，承载着人们辛勤的劳动，也连接起村民邻里间的生活，编织着人际交往的网络。疏于维护，这些分散于村落各处的公共空间因不经意的凌乱建设和随意堆砌日显杂乱，也渐渐疏远了人与人之间的距离。

在村落人口逐渐减少的今天，我们有感于加强村落中人际交往的必要。对过去承载着人们欢声笑语与闲话家常的场所，重新整理，增设一些必要的设施，装点得亲近宜人，使之成为村内引人前来促膝闲谈或者仅仅是在途经时落脚小坐的场所。对公共空间的改善，是我们力所能及的促进村落人际交往的举措。

为此，我们将晒谷坛后期搭设的电线杆取消，局部管线落地处理，部分水泥路面恢复为块石地面，任意堆弃的杂物规整整齐，添加靠墙的座椅、披檐，用块石、花草界定场地边界，创造更有归属感的场所感受。（图4-43）

在古松下略显随意地放置几只大块的溪滩石，供人闲坐、停留。将水井井圈的块石加固牢固，井边后期增加的洗衣台略加整理，为村民提供更舒适的劳作、休憩与交往的空间。（图4-44）

整治前

整治后

图 4-43 古松下公共空间整治前后对比

图 4-44　村内公共空间

4.3.3　牛栏的再生：村落接待中心

　　牛栏，原本一列 5 座，相互独立，内部一共分隔成 14 个隔间，分属 14 户农户所有。后来村内耕牛减少，现今只剩下一头，大部分牛栏逐渐荒废。牛栏，作为村内少有的具有一定规模的集体建造的生产用房，是酉田村农耕时代重要的物质遗存，在酉田周边的村落也已不多见。其位置独立特殊，在村落内具有特殊的意义。因此，工作组与村委商量，决定将其保留下来，寻求适当的具有一定公共属性的使用功能，重新利用起来。（图 4-45）

图 4-45　牛栏改造前

4.3.3.1　方案设想

　　村落未来的发展，故步自封是没有出路的。所以，需要积极地加强与外部的联系，迎接新事物、新群体。于是，村内理应存在一个场所、一个过渡点，既可为初入村落的外来者提供一个落脚地，与村落间存在一定距离；也可从一个适宜的视角从容地打量眼前这个村落的大致面貌。

　　由此，民宿是一个非常契合的选择。而考虑村落内建筑的现有产权与使用情况，在户主、乡 / 村集体以及民宿业主的多方协商下，最终选定了前期进行了初步修缮改造的牛栏、29 号民居、书记旧宅和四层砖混小楼四组建筑用于民宿建设。

　　牛栏因其地理位置的独特性，又赋予其更多的定位——村落内一个公共的接待与展示中心，成为既服务于本村落，也服务于邻近几个村落的对外开放的场所。

4.3.3.2　目标

在酉田建设经营精品民宿，基于几方面的考虑：其一是希望村落里闲置的传统建筑能够利用起来，依托村落自然与人文特色，将住宿、餐饮、文化体验等功能注入其中，激活传统建筑生命力；其二是立足村落农业生产基础，结合民宿运营，培育新型业态，使民宿成为推动酉田产业发展的触发点；其三是借助民宿吸引外来群体参与村落复兴，通过文化公益活动的组织，恢复传统村落社会活力；其四是在这一过程中倡导低碳、环保的生产生活方式，引导村民与外来人群共同维护传统村落的自然生态、历史文化等宝贵资源。

由此，依托深厚的历史文化底蕴和秀美的田园风光，打造精品民宿，使酉田村成为"可观、可游、可居、富有内涵"的秘境古村。民宿的经营，不仅是要引入新的产业，更重要的是希望从多个层面建立起与村落的关联，两者相互依托、相互扶持，带动整体的发展。

4.3.3.3　发展定位

关于经营者，项目组努力寻找适宜的经营业主与有力资本参与酉田村的保护发展。经过多次招商洽谈，长期从事文物建筑与传统村落保护利用的林森团队，凭借其在酒店运营、建筑设计、媒体传播等方面的优势，更为重要的是其关于民宿经营与传统村落发展理念的契合，最终成为酉田村民宿项目的经营主人。

关于使用者，整体定位于60后至80后，具有一定的经济基础与生活品位，追求闲暇时光能够亲近自然、放松身心、品味传统生活、享受家庭氛围的都市生活人群。

4.3.3.4　房屋改造

（1）房屋结构构造的补强

原牛栏内部隔墙取消，采用松阳当地施工队常用的木桁架形式。（图4-46）

夯土墙建造工艺——块石垒砌墙基、黄泥夯筑墙体，这种基于农耕社会生产力发展水平的房屋建造技术，造就了酉田村以及松阳大多数村落传统建筑最鲜明的形象特征。其简单易行的建筑材料和建造工艺，营造出与环境浑然一体的外观形式和冬暖夏凉的居住感受，使得这片藏身于山林之间的人类居所朴素自然。

图4-46　牛栏梁架加固提升

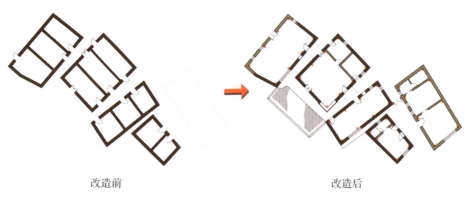

改造前　　　　　　　　　　　　　　　改造后

图 4-47　牛栏改造前后平面对比图

　　然而在今天，夯土墙具有费时费工的建造特点以及耐久性、力学性能上的缺陷，即便在山区的村落里，从造价、施工和使用上来看都远不及砖墙经济易行。牛栏改造方案涉及几面夯土墙的修复和建造，设计团队希望借此机会恢复松阳传统的夯土建造技艺，将这种松阳县农耕时代普遍采用的房屋营建技术保留和延续下去，并尝试进行技术上的改良，为村民修缮自家住宅的夯土泥墙提供借鉴。（图 4-47）

　　（2）室内装饰的选择

　　室内家具陈设、移动物件等，收集废弃农作工具、生活器皿、门窗构件等进行创造利用，比如板门和木工支架做成的长桌、楼梯梯段改造而成的书架、半竹筒改造的雨水檐沟、衣架、橱柜等等不一而足。

　　（3）室外空间的塑造

　　借牛栏所处之佳境，沿五座建筑两个方向走势，营造开敞的室外空间。西南向公共区域增设木平台，东南向居住区域结合驳坎块石砌筑平台，与田野远山创造更密切的关联和高远的空间体验。入口位置，征得一地，作为接

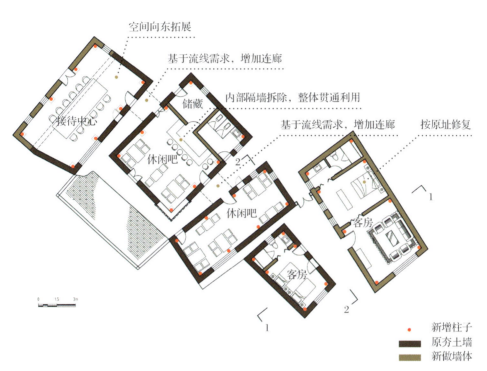

图 4-48 牛栏改造后平面图

待中心的前庭。临村一侧，以低矮块石墙将几座房屋围合成整体，设木栅门，与村落之间开合有度。（图 4-48、图 4-49、图 4-50、图 4-51、图 4-52、图 4-53 ）

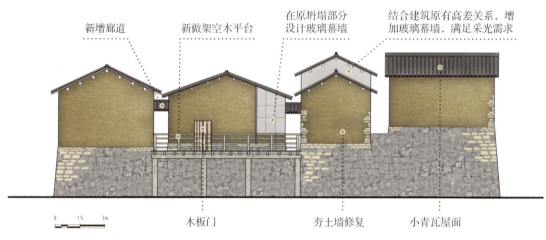

新增廊道　　新做架空木平台　　在原坍塌部分　　结合建筑原有高差关系，增
　　　　　　　　　　　　　　　设计玻璃幕墙　　加玻璃幕墙，满足采光需求

木板门　　　　　　夯土墙修复　　　　小青瓦屋面

图 4-49　牛栏改造后北立面图

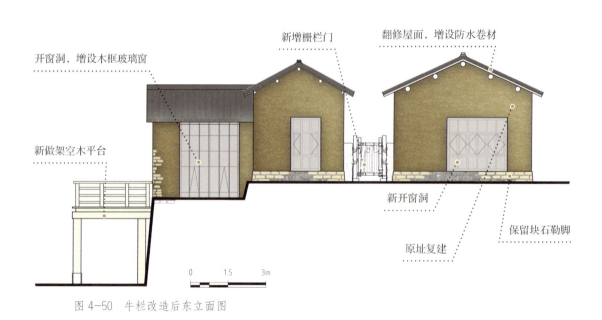

开窗洞，增设木框玻璃窗　　　　新增栅栏门　　　翻修屋面，增设防水卷材

新做架空木平台

新开窗洞

原址复建

保留块石勒脚

图 4-50　牛栏改造后东立面图

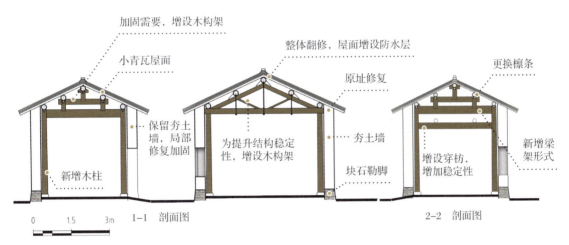

加固需要，增设木构架
小青瓦屋面
整体翻修，屋面增设防水层
原址修复
更换檩条
保留夯土墙，局部修复加固
为提升结构稳定性，增设木构架
夯土墙
块石勒脚
新增木柱
增设穿枋，增加稳定性
新增梁架形式

0   1.5   3m   1-1 剖面图
2-2 剖面图

图 4-51 牛栏改造方案剖面图

图 4-52 牛栏的营建过程

图 4-53　牛栏改造前后对比

4.3.4　水渠的恢复：重现农业灌溉系统

　　近十余年来，随着村内人口的减少和稻田逐年的缩减，灌溉用水大幅减少，加之长久缺少维护，酉田村落稻米种植时期的水渠早已断流，村内的区段泥土堆积落叶拥堵，田边的区段痕迹几乎泯灭，山间的区段掩压于坍塌的砂石之下，下田村进水口处的拦水坝也难以使用。如今，村民又回到从前，依靠山上的泉水，开沟引流，竹筒相接，以资灌溉；或者各自在田里建造蓄水池承接雨水，供自家的农田灌溉。

农业灌溉水利设施的崩塌，一方面是人口、产业变化的结果，另一方面也反映出原本建立在农业生产之上的集体力量的溃散。为了更好地解决当前村落灌溉用水的问题，同时也将村落农耕生活的景象进一步凸显出来，我们计划恢复村落内的水利系统，在旧有水渠、水塘的基础上，连接起村内的大小沟渠，使之成为一个覆盖范围更广、更为整体稳定的系统，串联起更多的田地、民居，使水在村落内、山脚下、梯田边畅通流动，重新焕发出农业生产勃勃生机的景象。

为此，设计团队联合松阳县水利水电勘察设计所，针对酉田的村落环境和地理条件，对下田村至酉田村的水渠进行了恢复设计。拆除了下田村渠道进水口不能继续使用的拦水堰坝，采用混凝土灌砌块石重新砌筑了新坝体。计划恢复下田村至酉田村间的输水渠道，全长约 1500 米，分为五段：A—B、C—D 区段延续原有路线，采用明渠重砌，断面尺寸 30cm×30cm；B—C 区段因山体塌方，需进行修复，采用混凝土灌砌块石砌筑，顶部浇筑混凝土盖板；D—E 区段采用暗渠，断面尺寸 30cm×30cm；E—F 区段位于村内，结合乡村风貌采用倒梯形断面，上底宽 40cm，下底宽 22cm，高 30cm，表面采用粒径 5cm 上下的卵石贴面。（图 4-54）

渠道实施过程中，因位处山区，部分区域地形复杂，交通不便，工程材料无法直接运达，要采用人工挑运，实施过程着实艰辛。工程困难易解，人事问题难成。因水渠沿途经过部分农田，与相关农户多次协商最终也未能成功，一些区段迄今未能贯通。另外，上游下田村取水口处时有断流，完整的水利灌溉系统惜未能如愿完成。

村内的集体意识和村落间的联盟关系都不比以往，在新的集体关系建立起来之前，这一工程只好暂告中止。

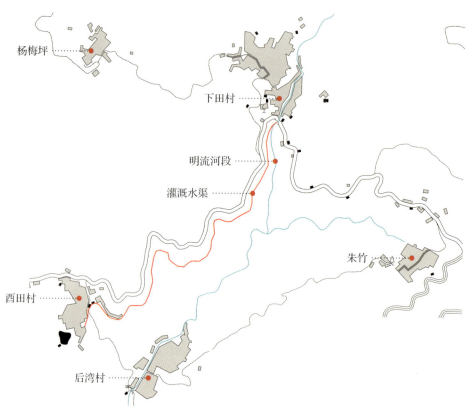

图4-54　水渠修复方案示意图

4.3.5　水塘净化

　　近年来，由于生活污水的排放以及水塘边公厕的影响，水塘水质急剧恶化，塘泥淤积，绿藻浮面，久未处理。于是，工作组决定对水塘水质进行净化。起先尝试过种植水生植物、养鱼等自清理的方式，但都未收到好的成效。最终决定实施一次彻底的清淤处理，池水排干后，组织挖掘机械入村进行了塘泥清理，对周边几座民居的污水管进行截污纳管埋线，结合污水管道工程接入全村的污水管道系统。对水塘边原有的公厕进行了拆除，另在祠堂背后新建了一座公厕。水质问题处理妥当后，才开始对水塘进行景观上的改善，堤岸加固，沿岸种植柳树，使村落前端的这湾池水再现天光云影共徘徊的景象。（图4-55、图4-56）

图4-55 水塘净化方案

图4-56 水塘净化过程

4.4　传统文化的再续

4.4.1　修宗祠以联乡谊

叶氏宗祠历经两百年余年的时间，依旧面朝着一片开阔的场地、坐落在整个聚落的最南端。虽然不再遵循旧日礼序有多样的宗族活动与仪式，在重要的时节，村里的人们仍会带上祭品前来祖先牌位前祭叩祈愿以求护佑。

宗祠是宗族的象征、宗族凝聚力的体现。无人照管，年久失修，叶氏宗祠在岁月更迭中渐显冷落，戏台荒废，芜草丛生。为了重新唤起酉田村民对于祖先、宗族的记忆与情感，联络起支房族人之间的情感纽带，工作组希望重新发挥起祠堂在村落公共生活中的地位和作用，使之重新成为一个村落内聚众活动的场所。（图4-57）

为了激发村民更深入地参与宗族和村落的建设，工作组联合村委向村民发起倡议，集资对叶氏宗祠进行修缮。修缮的内容围绕祭祖、看戏等宗族活动的需要，包括门厅戏台的修复、堂屋神龛的维修、天井环境的整理、房屋构架屋面的翻修、作为厨房使用的东侧附房的维修、祠堂外公共厕所的建设等。（图4-58、图4-59、图4-60）

工程结束后，将修缮期间请出神龛的祖先灵位依次安放回原位，村里请来地方戏团在祠堂内演出庆贺修缮工程顺利完工。时隔数十年，宗祠戏台再次传出乡音乡曲，余音绕梁。此后，村内聚餐、选举，节庆时分送春联、拍照片等活动都转移到宗祠内举行。宗祠的重修，将人们对于先人久远的记忆和家族内的情感依托重新带回日常生活之中，朝夕与共。（图4-61、图4-62、图4-63）

图 4-57　改造前的宗祠及内部

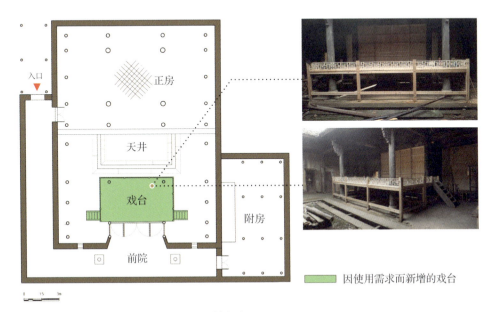

　　　　　■　因使用需求而新增的戏台

图 4-58　酉田村叶氏宗祠平面图及新增戏台

屋面翻修，补配小青瓦屋面

更换木门

块石墙基

0　1.5　3m

图 4-59　酉田村叶氏宗祠正立面图

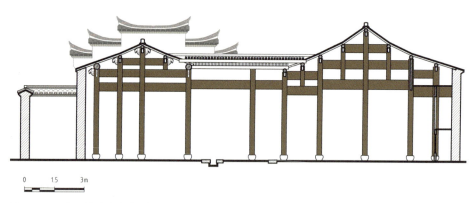

0　1.5　3m

图 4-60　酉田村叶氏宗祠次间剖面图

图 4-61　宗祠内的活动

图 4-62　学术会议

图 4-63　宗祠修缮前后对比

配合修缮工程，叶氏宗祠作为叶氏家族集体记忆的体现，进行展陈布置。根据《叶氏宗谱》记载，展示叶氏先人的历史事迹，张表勤俭谨严的祖训家规，传播读书立世的人生理想，使宗族观念重新发挥良好的道德教化作用。（图4-64）

4.4.2 名医归乡故居开诊

酉田村内清代以来诞生了一个名医世家。始为名医叶起鸿（1810—1868），字蔡泉，号如松、季亭，世称"酉田先生"。15岁受业于名医詹中门下，勤勉好学，尽得师术。年方20即开业行医。悬壶未久，医名大播，丽水、云和、宣平（今分属丽水、武义）等县求医者络绎不绝。同治四年（1865），松阳知县授匾额"术继天士"，著有《妇科切要》传世。其后六世行医，享有盛名。光绪、宣统等朝松阳知县等多次赠叶家医者匾额，赞誉不绝。第七代叶学进今在松阳县古市医院担任主任医师，家业尤传。

叶起鸿故居位于酉田村东部，背倚山体，前有水井，曰洗砚池。故居为清代建筑，正厅五间二厢带双弄，坐东朝西，规格较大。屋内正厅香火龛上悬牌匾"术继天士"，前檐额枋"和缓同仁"、左右次间"著手成春""秘囊传家"数块匾额至今犹在。（图4-65）

目前，叶起鸿后人已移居松阳，故居闲置多年，屋面破损，楼板风雨侵蚀，院内芜草丛生，无人照理。工作组决定对叶起鸿故居加以整修，重新利用，作为"医药世家"展示馆，讲述叶氏七代行医事迹，介绍当地中草药资源，传播民间医药知识，并定期延请叶家后代医师及其他知名中医来此坐诊，医诊邻近村落患者，恢复酉田百余年的优良中医传统。（图4-66）

图 4-64　修缮后的宗祠与牛栏

图 4-65　医书

图 4-66　叶起鸿故居修缮前后对比

4.5　新旧产业的共生

4.5.1　旧业再生

　　沿着蜿蜒曲折的盘山公路进入酉田，远山近丘上漫山环绕的田垄，是数百年来一代代酉田村民镌刻在土地上的农耕史书。时至今日，居住在山里的人们依旧在这层层梯田上耕种着自己的生活与未来。与历史景象不同的是，茶树、果木等旱地作物由于经济效益较好，逐渐取代水田禾秧，成为酉田村民新的生计来源。在松阳县域精品农业的发展推动下，酉田村茶叶、水果种植产业逐渐成为村落新时期主要的经济支撑。

　　松阳县现代茶产业，自 20 世纪 90 年代末经品种改良培育形成无性系良种茶，十余年来，在茶叶种植、加工、销售及产业模式上突飞猛进。酉田村茶叶种植始于 2004 年左右，发展至今，居住在村内的村民几乎家家户户都经

图 4-67 酉田当地茶叶

营茶园。村内茶叶种植现已发展形成黄金芽、龙井、白茶、乌牛早、土茶等多个品种，并设有茶叶加工坊，对采摘的茶叶进行初步的加工、包装和售卖。（图 4-67）

茶叶加工坊位于村落水塘西侧，主人叶金旺十余年前在松阳县农业局的技术培训推广下，自亲友处学来了茶树扦插、剪枝等田间培育管理技术。现在一家四口人经营着酉田村规模最大的茶叶种植园。茶园面积有 20 余亩，主要种植较为名贵的高端茶黄金芽，兼种少量龙井、白茶。黄金芽一年春、夏、秋三季均可采制，以明前茶最佳，每斤售价可达千元，夏秋茶迟可采至霜降，品质亦不逊于其他品种春茶，售价可在每斤 200 元以上。每年 3 月至 5 月间，春茶出芽，长势迅速，叶家通常要雇佣采茶工人，多时可达 20 余人，远自河南、山东等地亦有人前来应工，按量记工日收入在百元以上。采摘下的茶青，在自家加工坊内晾晒、烘干、揉捻、孕香。加工坊内虽还留存着过去手工编制的竹筐、竹簸、竹垫，但除了高端精品茶外，茶叶制作的各道工序现在基本都交由专用机器进行。黄金茶售价高，市场波动较大，因此，村内的农户仍以普通茶叶种植为主，每亩地毛收入在 8000—15000 元。（图 4-68、图 4-69）

图 4-68　采茶

图 4-69　茶叶加工坊

　　受惠于松阳县建设形成的浙南茶叶市场，松阳县的茶叶销售渠道畅通。春茶时节日日交易，也有茶商前来村内收购；六月进入夏茶生产季节，逢农历一、六的市日前一天和当天集中交易，茶叶市场车水马龙、人头攒动。

　　茶叶之外，村落四周的山体上还种植有大片果树，桃树、梨树、杨梅等。由于地处山区，海拔较高，平均气温比县城低4—5℃，三都乡高山水果产业近年来声名远播，其中翠冠梨远销全国各地。高山水果产业成为酉田村茶叶种植之外另一主要经济支撑产业。相较于水稻种植，茶叶和果树种植费时费工，如梨树每年要保花、保果、疏果、套袋、采摘，并要进行三次左右杀虫，且桃树、梨树大概七八年会留胶，留胶后桃树会死掉，梨树会减产。因此，酉田村目前采取的是果树、茶树更替种植的方式，即所谓"套种"。

　　如今，除极少数人家种植水稻自用外，绝大多数村民都放弃了水稻种植。总体来说，市场经济的波动情况直接影响到村内种植产业的发展。要维持传统村落长久稳定的发展，需要更多元的产业支持。

4.5.2　新业植入

　　近年来，贯彻"田园松阳"的发展战略，松阳县通过多种方式积极推动传统村落的产业复兴，其主要途径即是依托传统村落优良的生态环境与乡土民俗文化，植入生态农业、休闲度假、文化旅游、艺术创作等业态，促进城乡要素的有序流通，推动传统村落第一、第二、第三产业融合发展。

　　借助松阳县乡村七九八文化创意写生基地的建设，酉田村近年来吸引了众多艺术院校师生前来进行写生创作。松阳乡村七九八文化创意园与各类艺术机构合作，凭借松阳的生态环境、传统村落资源，建立传统村落写生创作

图 4-70 写生

基地，拓展艺术创作空间。2011—2018 年，全县累计接待全国 200 多所院校、68000 多位师生以及全国各地艺术家 1400 多人。酉田村依托自身绝佳的山地自然景观和完整的传统村落风貌，成为众多艺术院校师生的创作佳地。（图 4-70）

自 2005 年起，三都乡还利用村落梨树种植基地，努力打造梨花摄影节。梨花摄影节设在每年 3 月底 4 月初，全国各地的自驾游、摄影团体纷至沓来。春日酉田漫山遍野的花开景象使之成为县内闻名的生态观光和摄影创作基地之一。

此外，酉田村还凭借得天独厚的山地村落地理环境，成为在松阳举行的全国山地竞速挑战赛的途经地。在古道古木、村落建筑与茶园美景陪伴下，运动员们回归运动的本来状态。

通过艺术写生、摄影观光、运动竞赛等活动的举行，酉田村逐渐向外部世界打开窗口，传统的农业、以居为本的村落环境不再仅仅是基本的维生手段和生活场所，而成为饱受青睐的稀缺资源，吸引了城市文化阶层和青年旅游者等越来越多的群体。（图 4-71）

图 4-71　酉田业态

4.5.2.1　民宿经营

年轻鲜活身影的频繁闪现，打破了村落静如止水的局面。经由艺术师生的画笔、摄影观光客的镜头以及登山运动爱好者的脚步，酉田的声名渐渐为人所知。随着酉田村对外开放程度的逐步提高，我们想要进一步探索，酉田可以通过怎样的方式更为积极地参与城市与乡村的整体发展。

借着松阳县传统村落文化休闲体验旅游发展的有利势头，结合三都乡众多传统村落资源以及酉田村与松阳县城相对便利的交通区位联系，我们设想，酉田村有条件承纳各方来客，成为乡村休闲度假旅游的目的地，利用村落闲

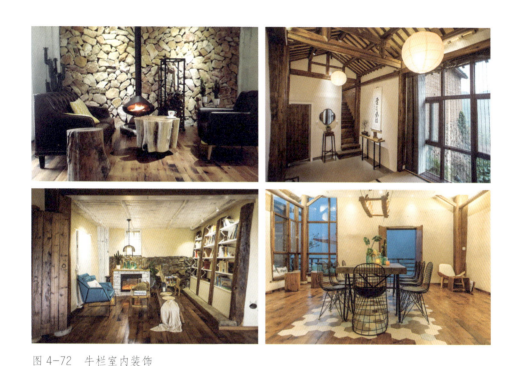

图 4-72　牛栏室内装饰

置的传统建筑，依托深厚的历史文化底蕴和秀美的田园风光，打造精品民宿，使酉田村成为"可观、可游、可居、富有内涵"的秘境古村，并以此带动村落的整体发展。（图4-72）

4.5.2.2　发展定位

　　考虑村落内建筑的现有产权与使用情况，在户主、乡/村集体以及民宿业主的多方协商下，最终选定了前期进行了初步修缮改造的牛栏、29号民居、书记旧宅和四层砖混小楼四组建筑用于民宿建设。在民宿业主的精心策划下，原本破旧闲置、少有人问津的几组建筑，因地制宜地营造成为适宜不同人群、

书记旧宅

四层砖混小楼

29 号民居

改造的牛栏

图 4-73 民宿分布

满足不同活动需求与生活体验的山居游憩场所。（图 4-73）

4.5.2.3 与村落关系的建构

民宿的经营，不仅是要引入新的产业，更重要的是希望从多个层面建立起与村落的关联，两者相互依托、相互扶持，带动整体的发展。

农业观光体验：联合村内茶叶、果木、水稻种植农户，提供采茶、制茶、观花、摘果、插秧、收割等农事体验活动，将农业活动与生态观光、旅游体验结合起来，吸引游客前来观赏、品尝，促进城市人群特别是青少年儿童对农业活动的认识与理解，也带动地方保护传统农作方式的积极性。

特色农产品开发：结合酉田黄金芽茶叶、高山水果、蔬菜等特色农产品，在销售原生态农产品的同时，开发味道上乘、外形美观、易于保存和运输的农作物衍生产品，依托民宿平台，采取赠送到店/离店礼品，餐厅主推菜式、网络销售等方式，推广酉田农产品，拓展农产品销售渠道，提高农产品收益。

公益活动组织：结合酉田村内春节、元宵、端午、中秋、冬至等传统节庆活动，组织打麻糍、制汤圆、赏鱼灯舞等民俗活动，联合志愿者组织，招募志愿者体验乡村生活，参与村落建设，关怀村落老人、留守儿童，促进村落传统文化的延续与社会关系和谐发展。

乡村经济振兴：民宿运营，由于经营、仓储、员工住宿等客观需求，使村民利用闲置房屋可以获得财产性收入。同时，建设、经营期间，为村民提供一定的就业岗位，让部分农村剩余劳动力有了工资性收入，以此带动部分年轻人回乡创业，带动村落内的农家乐经营、农产品销售等商业活动，创造经营性收入，促进村民建立起更多元、更稳定的收入结构。

保护发展理念传播：在民宿的经营与各项活动的开展中，导入低碳环保的概念，倡导步行和公共交通，饮食主打当地有机食材，消费主打当地特色产品，提倡简约、朴素观念，减少物质、能源的消耗及有害物质的排放。通过在保护村落传统文化和生态环境资源基础上的产业发展，激发村民与外来参与者对酉田生态环境的责任心、提高对地方经济活力复兴的期许以及对传统村落文化的关注，进一步保护村落的历史文化遗产，发扬农耕文化的智慧，延续人与自然和谐相处的生活方式。

5 历程回顾

　　项目伊始，以酉田村为例，通过一年时间实践探索浙江省历史文化村落和乡土建筑保护利用的管理模式，使松阳县酉田村乡土建筑和环境风貌格局得到整体保护，传统村落得到合理适度利用，村民生产生活条件得到有效改善，在实践中探索建立由政府主导、各部门联动、以村民为主体的行之有效的历史文化村落保护利用管理模式，同时发挥示范辐射作用，带动周边地区共同实现历史文化村落保护与当地经济社会发展的良性互动，促进松阳县经济社会的全面、协调和可持续发展。（图5-1）

　　酉田村保护利用示范让我们深感艰辛与挑战，传统村落保护发展不仅是物质形态的建设，还是一个复杂的系统工程，是涉及领域众多、内涵丰富的综合性命题。工程涉及多方力量配合，保护管理机制建设、保护资金统筹运用、相关政策引导支持、基层建设实施运营等因素，影响着传统村落的保护发展与未来前景。

　　酉田实践以历史文化遗产的传承与保护为切入点，站在长时段社会发展的背景下，立足于当前国家农业农村与浙江传统村落政策制度与资金环境，以推动村落长远发展、实现村民生活基本需求为目标，以技术治理为主要的手段，立足于村落价值特色和发展定位，通过酉田路线的探讨、总体目标的制定、工作路径的确立，在方案阶段建立了适合酉田村的复兴机制，通过"山园田居的维护、宜居家园的重塑、传统文化的再续、农耕系统的修复、新旧产业的共生"五个方面推进实施。历经9年，基本实现了保护利用示范项目的总体目标。

　　酉田实践使村落环境风貌、乡土特征得到整体保护。酉田山居田园图景，良好的自然环境、因势而造的阶梯式村落形态，村落—梯田—山—水组成的空间格局，大气精致的乡土建筑得到全面、科学的保护。

　　酉田实践采用村民自主建设以及就地取材的模式，保护了酉田村落的乡土特征，避免村落的城镇化、景观的园林化和利用的同质化。以控制村落核心区域的整体风貌、乡土景观来保持村落特色发展的基础和动力，使酉田村风貌完整、人文和谐。

　　酉田实践使村落人居环境空间形态与自然和谐统一。实践通过维护原生态的人居环境空间形态，提升村民生活品质，完善村落的公共服务设施和市政基础设施，整治村落院落杂乱的绿化环境，通过管网入地来改善村口池塘水质，集中处理生活垃圾。结合酉田村建筑的实际情况提出传统建筑在提升建筑安全、居住舒适性等方面的引导措施，使传统建筑得到合理利用。

　　酉田实践使村落历史文化基因和传统技艺得到活态传承，实践通过调动酉田村民、匠人自主自愿地保护和建设家园，发扬酉田淳朴民风、和睦家风，提高村民的文化自觉及对历史文化遗存保护的共识。通过农耕场景的修复强化村落农耕文化特征，传承村落所代表的文化遗存和精神价值。

　　酉田实践使村落特色产业的培育呈良好的发展态势。通过加大生态农业发展扶持力度，积极发展生态农业，推进中医药材和中医农业实践基地建设，以优势资源为基础引导发展传统优质产业。（图5-1）

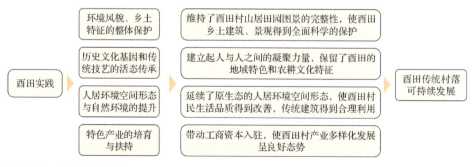

图5-1　酉田实践成效

　　酉田实践通过项目强化对文化传承主体村民诉求的关注，寻求传统文化保护与利用的出路，从而构建具有地域和文化针对性的传统村落保护与利用模式。这些都离不开政府部门、技术服务团队、工商资本、社会团体、村民组织等各方力量的通力合作。酉田实践为传统村落保护与乡村经济社会的良性发展提供新的路径参考。实践总结如下：

　　一是协作团队建立、政府有效推动。团队协作机制的构建有利于统筹各类资金和资源整合，政府主导房屋产权协调与组织维修，全方位推动工程进度，监督工程质量与管理。

　　二是建设模式确立、村民自主建设。以村民自主和多部门协作建设的模式，一方面控制了建设成本，通过动态技艺的传承延续村落的乡土性与地域性，另一方面提高村民的文化自觉及对历史文化遗存保护的共识，凝聚在地意识，促进在地文化的认同。

　　三是技术团队支持、各部门深度参与。松阳既有的技术指引基础工作完善，加之各部门的深度参与，在审批流程、项目整合、技术协作上减少了工程返工及资金浪费，加快了工程进度，促进村落保护高效集约发展。

　　四是实施方案制定、实地指导培训。立足于酉田村落资源禀赋、文化底蕴对其未来发展之路进行长远谋划，准确把握实践路径。通过收集民意、提供咨询、培训和技术指导的方式来强化对村民诉求的关注，以此改善原住民之间以及原住民和外来者之间的社会关系，并通过培训指导本土化的工匠队伍，引导村民主体意识的觉醒，促进自主营生能力的生长。（图5-2）

　　日升日落，酉田村茶园林木间的生活在一年四季的更迭中缓缓前行，随着社会经济整体发展水平的提高，城市人群和资本的溢出，也为乡村发展带来了契机。从2014年至今，酉田经过9年的实践，从前4年的集中推进，到

```
                    ┌─────────────────┐      ┌──────────────────────────────┐
                    │ 协作团队建立、政府  │      │ 统筹各类资金和资源整合，全方位地推动工程 │
                    │ 有效推动          │      │ 进度，监督工程质量与管理           │
                    └─────────────────┘      └──────────────────────────────┘
                    ┌─────────────────┐      ┌──────────────────────────────┐
     ┌────────┐     │ 建设模式确立、村民  │      │ 控制建设成本，提高村民的文化自觉、凝聚村民 │
     │ 实践总结 │ ▷   │ 自主建设          │  ▷   │ 人心、促进在地认同               │
     └────────┘     └─────────────────┘      └──────────────────────────────┘
                    ┌─────────────────┐      ┌──────────────────────────────┐
                    │ 技术团队支持、各部门 │      │ 减少工程返工及资金浪费、加快工程进度、促进 │
                    │ 深度参与          │      │ 村落保护高效集约发展              │
                    └─────────────────┘      └──────────────────────────────┘
                    ┌─────────────────┐      ┌──────────────────────────────┐
                    │ 实施方案制定、实地  │      │ 引导村民主体意识的觉醒，促进自主营生能力的 │
                    │ 指导培训          │      │ 生长                         │
                    └─────────────────┘      └──────────────────────────────┘
```

图 5-2　实践总结

后 5 年自我循环式的缓速发展，村民对外来人的态度的转变，从单薄的环境卫生意识到自发组织进行生态环境的整体维护，从外来流量所关注的村落自身优势到自发产生的主人翁意识与责任感，都可见酉田村落整体的积极发展与进步。酉田村逐渐从原始凋敝的状态转变得欣欣向荣而古韵犹存，成为越来越多人远离喧嚣、亲近自然、寻味乡愁的承载地。酉田传统村落的保护利用，不仅改善了居住空间的环境，同时也通过产业发展的引导增加了村民的就业机会和收入，对于自然与人文的发展而言是双赢的局面。（图 5-3、图 5-4）

图 5-3　村落建设

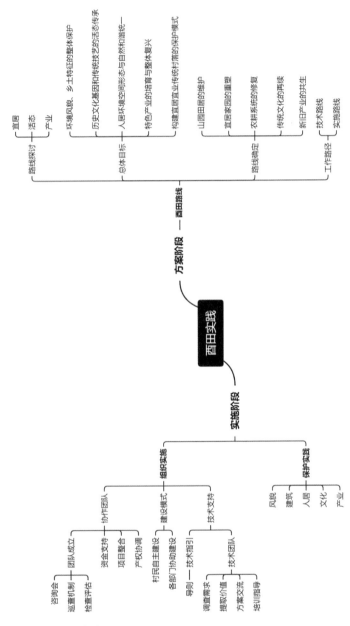

图 5-4　酉田实践

6 未来展望

　　酉田村的保护利用已初见成效，但在如今的酉田村内，仍存在可进一步提升优化的空间以及因各种原因未能完成的事项。随着政府的重视以及企业的投入，新的展望与期许也开始不断地被添入酉田未来发展的蓝图。和美乡村等系列新政策的提出，为传统村落的发展带来了新的助力。网络生活的快速发展，为新产业的建设提供了更为便利的平台，更多青年开始从城市回望乡村，投身于传承与创业。酉田迎来新的机遇和挑战。（图6-1）

图6-1　五心书院"新青年"

6.1　新政策的支持

浙江省持续深化"千村示范、万村整治"工程，促进农民农村共同富裕，全面推进乡村振兴，对于"未来乡村"的发展提出了指导性的意见，指明了乡村建设的一些新方向与新途径。同时结合"未来元素""数字生活"等元素，以及江南韵味的地域性特色，主导打造产业兴旺发达、主体风貌美丽宜居、主题文化繁荣兴盛的特色村落。

结合新政策的引导与支持，酉田村注重区域整体发展，合理组织周边三都古村落旅游资源以及自身环境、历史文化特征，使酉田村成为松阳县城与各个传统村落之间的中转站，实现优势互补、资源共享。另一方面，结合其中"未来场景"的功能需求，结合传统村落保护发展的系列措施，融入养老、健身、智慧农业、低碳生活等新需求、新服务，发展建设更好的"未来"酉田。

6.2　新产业的推动

在酉田村现有民宿、摄影写生、采茶等产业活动的基础上，引入亲子游、博物展览、中医养生以及网络营销等新兴产业，从外在的基础设施配套建设转向内在的经营管理，同步进行消费引导，在带动村民致富的同时进一步促进地方经济、社会、文化的共同发展，进而吸引更多的村民回乡，吸引人才进村建设、创业。

基于村落中现有的传统风貌、生态资源、耕读文化，综合考虑寓教于乐的方式，将旅游业与新型亲子互动游相结合，在休闲娱乐的同时为儿童进行传统农业、动植物等实践教育，并以村居生活体验、历史文化传承突显酉田村的文化特色。

文创产业的兴起也成为一种新兴的产业态势。对于酉田文创品牌的挖掘、建设、宣传，能够进一步推动酉田传统手工艺、特色农产品形成富有地域性特色的酉田"品牌"。另一方面，开发新型研学、教育等功能性产业，推动建设新型电商产业。在带动村落经济发展的同时，也能够更好地发挥酉田"五心文化"，利用已废弃的生产附属建筑空间，讲述酉田新故事，展现酉田新风貌。

6.3　新平台的搭建

随着传统村落保护建设步伐的加快，松阳三都乡吸引并集聚了一批年轻人在此创业就业、成立青年创业联盟，以从事民宿旅游、农产品直播带货、文化创意、新媒体作为发展机遇，成为乡村"新乡贤"，参与乡村建设。

酉田村翻新的五心书院即三都乡青年创业创新基地，拟通过新型平台的搭建，加强村落与青年之间的联系，并积极探索村民以及返乡创业者共建村落的新模式，积极助力乡村的发展与共富。（图6-2）

图6-2 成立三都乡青年创业创新基地

6.4 新文化的融合

在继承发扬传统文化遗产的同时，为迎合新时代的发展与进步，酉田村积极融入新市场环境，在挖掘传统文化内涵的同时，通过对新时代精神的学习，建设新文化的融合与发展。

例如在五心小学原址改造而成的五心书院，也将依托传统村落核心区的发展理念与酉田历史文化村落保护利用的优势及资源，重点结合以古村落文化及松阳田园耕读文化为主的研学和乡村美育，传播"五心教育"精神内涵。通过乡村诗书会、古村研学游学、文化手作、桃子生姜节等活动，打造集乡村书吧、古村落文化研学、青创中心等内容为一体的新型多元的乡村公共文化空间，传承创造新"五心"精神。（图6-3）

图 6-3　传承传统文化

在中国传统村落建设的新机遇下，借助于松阳国家传统村落新空间布局、新平台的搭建、新文化的弘扬、新机制的探索，立足于文化传承复兴、产业持续发展、美好人居环境建设，实现酉田的社会效益、经济效益、生态效益，构建传统与现代兼容的适宜性关键技术体系，形成传承文化基因、文化和产业融合的创新型活态利用策略，完成以政府、企业、青年力量协作的综合应用示范。实现联动发展，共同富裕，共同营造"新"酉田，使其成为展示中国乡村独特韵味和乡村振兴战略成果的"重要窗口"。（图6-4）

图6-4　入夜的酉田

图 6-5 酉田现状鸟瞰

后　记

　　仍记得工作团队第一次踏进酉田这个沉静的村子，几棵直入云霄的马尾松赫然入目，令人产生宛入世外桃源的惊喜之感，数年前行走在房前屋后拜访村民、调查建筑的场景依然历历在目。白天为不误农时跟随村民在农田里的交谈，夜晚集中在主任家中询问居住改善的种种需求，借宿在五心小学时的微微蝉鸣，眼见牛栏的再现生机……这是工作团队对酉田更为真切而深入人心的感受。村落保护的过程所系颇多又细致入微，非尽一方之力、急一时之快可见成效。几年来，持续不断的投入、回环往复的推动，才逐渐在村落四处显现出不经意的变化。如今，回顾这一历程，整理当中可资借鉴的经验或作以提醒的疏漏之处，力求呈现一场多方参与的村落保护实践真实、直观的面相，为传统村落保护提供不同路径的实践参照。

　　本书以技术团队的视角，记述 2014 年来松阳酉田村作为"浙江省历史文化村落保护利用示范项目"实施地以及国家重点研发计划项目"传统村落保护适宜性技术和活态利用策略研究"应用示范村落保护实践的历程。书中介绍酉田村落实践的实施意图、方案、实施模式、组织实施过程、实践内容与建设成效等，提供了一个乡村振兴背景下"专业机构指导、政府支持、村民主体"多方参与的传统村落保护在地实施案例。调查记录了传统村落村民和村落发展的真实需求，以村民为主体的村落保护实践的目标导向，描述了多方协作模式下技术团队、政府、村民各方的职责和协调组织方式，并详细介

　　绍了非旅游、商业发展目标下村落保护实践的具体实施内容，包括修缮破旧传统民居，配备生活配套设施，改善村落基础设施；不同保护等级建筑遗产保护维修做法；改善村落景观，修复牛栏、水碓房、灌溉水系等农业耕作系统；修缮宗祠、社庙、香火堂等，组织宗族群体活动；引导村落多元发展等。

　　本书编写过程中，除得到技术团队主持与参与人员的帮助外，还获得了酉田实践地方政府与协作部门、酉田村委村民的大力支持，无论实践的开展还是本书的编写，均离不开地方工作人员和村民的通力合作和悉心支持。出版之际，谨向所有关心、支持和帮助酉田实践和本书编纂工作的各界人士致以最诚挚的谢意，对为本书提供资料、图片的各界人士表示衷心感谢。

　　传统村落，是精神与文化的家。传统村落保护，道远而意悠长，仅以在地实践一例互参互鉴，恳请各位专家、同仁、读者批评指正。